PRÓLOGO POR DANTE GEBEL

CÓMO USAR EL HUMOR EN EL MINISTERIO

ULISES OYARZÚN

La misión de Editorial Vida es ser la compañía líder en comunicación cristiana que satisfaga las necesidades de las personas, con recursos cuyo contenido glorifique al Señor Jesucristo y promueva principios bíblicos.

CÓMO USAR EL HUMOR EN EL MINISTERIO
Edición en español publicada por
Editorial Vida – 2012
Miami, Florida

Edición: Virginia Himitian de Griffioen
Diseño interior y cubierta: *Luvagraphics*

ISBN - 978-0-8297-5977-8

CATEGORÍA: Ministerio juvenil /Liderazgo.

IMPRESO EN ESTADOS UNIDOS DE AMÉRICA
PRINTED IN THE UNITED STATES OF AMERICA

HB 05.18.2023

CONTENIDO

AGRADECIMIENTOS:

A Bárbara, mi gran, especial, maravillosa esposa, por aguantar mi ausencia en los meses que escribí el libro.

A mi hijo Barú, mi futuro, mi consuelo, mi esperanza.

A mi familia toda.

A mis amigos que me alentaron en este proyecto.

A Lucas Leys por entusiasmarse y creer en este libro.

A Dios, por darme un alma con «nariz roja».

Ah, se me olvidaba. También agradezco a todos mis amados hermanos que me dicen continuamente que soy un «payaso». Gracias por recordármelo, para ustedes, este maravilloso libro.

PRÓLOGO

Cuando conocí a Ulises, me llamó poderosamente la atención el desparpajo y la libertad con la que desarrollaba su ministerio. Me permití escucharlo para no caer en mismo error que algunos cometieron conmigo cuando se perdían una revelación o un mensaje de Dios solo porque no estaban dispuestos a escuchar a alguien «que contaba chistes de suegras». Me puse cómodo y disfruté de un monólogo extraordinario. En aquella ocasión habló acerca de los héroes de la juventud. En menos de dos minutos captó la atención del público; transcurridos diez, los tenía literalmente subyugados con el relato, en medio de risas y carcajadas que tronaban por todo el auditorio. Durante su inusual presentación se dio el lujo de tocar algunas «vacas sagradas» (esos temas tabúes de nuestra cultura cristiana de los cuales todos hablamos en nuestras mesas privadas pero hipócritamente jamás mencionamos detrás de un púlpito), se rió de sí mismo varias veces y finalmente arribó a una reflexión brillante, logrando que los que estábamos allí dijéramos por lo bajo: «Todo lo que dijo es cierto». Alguno que otro sollozaba en silencio. De pronto algunos se percataron de que el humor solo había servido para anestesiarnos y permitir que una gran verdad penetrara en lo profundo de nuestro ser, logrando una fuerte convicción del Espíritu Santo. Luego de unos veinte minutos, ya nadie reía, la atmósfera había cambiado y el Señor hacía su obra en los diferentes corazones que colmaban el recinto. Aquella noche supe que, sin lugar a dudas, Dios había dotado de un gran talento a Ulises. Pero en el mismo momento tuve la convicción de que él había elegido un camino muy difícil, el menos transitado y por consecuencia el más ilógico: conducir la gente a Dios a través de un método poco tradicional. Si al mismo Señor lo crucificaron porque no llenaba los requisitos del Mesías esperado, a Ulises tampoco se le iba a hacer muy fácil.

El punto es que Dios lo usa de una manera extraordinaria, pero el tema es que lo hace con un método novedoso y eso siempre termina molestando a cierto sector del legalismo. Si por años a mí me han etiquetado y subestimado por el simple hecho de utilizar el loable recurso del humor para distender una conferencia, me imagino a lo que se expone Ulises al hacer uso de este hermoso regalo del Señor: un humor, liso y llano, tal cual como Dios lo ha diseñado.

En este libro vas a conocer el pensamiento de un talentoso orador pero, por sobre todo, vas a bucear en el corazón de un hombre temeroso del Señor que se ha atrevido a incursionar en el Reino con un ministerio que abre brechas.

Si acaso eres de los que opinan que el humor es una desfachatez y una falta de respeto a algo tan sagrado como el cristianismo, te ruego que te des la oportunidad de leer esta maravillosa obra. Si por el contrario estás del lado de los que disfrutan de reírse a carcajadas y sospechas que Dios debe tener un muy buen humor para soportar a personas como tú y yo, este libro será lo que un depósito de queso a un ratón.

Dante Gebel
Ese predicador que hace chistes de suegras.

«La política es tan mala, que si se la agregas a una palabra tan pura como "madre", ¡se transforma en suegra!»

CÓMO USAR EL HUMOR EN EL MINISTERIO
ULISES OYARZÚN

Prolegómenos (o introducción)

En caso de que, por casualidad, hubiera algún intelectual leyendo, así no paso por idiota.

Cómo comenzó todo

Cuando era niño tuve algunas incursiones en el humor. Desde las estupideces que nos obligan a realizar los padres cuando vienen a visitarnos tías y amigos. Todas esas ridiculeces inimaginables que padres sin escrúpulos nos solicitan delante de desconocidos, que luego nos pellizcan las mejillas y las retuercen con «cariño».

Pero mi primer monólogo como tal, tuvo lugar en sexto grado de la escuela primaria, en mi colegio, el famoso Jorge Rock Lara de la ciudad de Quilpué.

Recuerdo que fue mágico. Mi profesor, el querido Blas Zelada, se retorcía de la risa junto con mis compañeros. Constituyó mi primer éxito público haciendo un monólogo cómico.

Recuerdo luego que a los 20 años, en mi linda iglesia que me vio crecer, la Primera Iglesia Bautista de Quilpué, creamos un grupo de teatro; para eso sí era bueno.

Luego de un tiempo, quedé a cargo del grupo y por primera vez hicimos una noche de «Teatro Humor» en un gimnasio de la ciudad. Escribí varios sketch y una obra de teatro para presentar esa noche. Fue un éxito. Era la primera vez que hacíamos humor explícito y a los hermanos les gustó mucho.

Y llegó aquella tarde de 1999. Un amigo, dueño de una librería cristiana, organizó un encuentro de jóvenes en mi pequeña ciudad llamada Quilpué. Recuerdo que era «el evento juvenil» que se realizaba en un viejo teatro llamado *Velarde*.

Invitaron a pastores renombrados por aquel entonces y, para que el evento resultara entretenido, pensaron en darle participación a un joven «desconocido» para que predicara.

¿A que no se imaginan a quién invitaron a predicar para que representara a los jóvenes? Al muchacho del teatro.

Era mi primera predicación en un culto de esa envergadura. Estaba muy nervioso.

No sabía qué hacer, ni qué decir, pues el tema era «la santidad».

Llevé mis apuntes y aún recuerdo que eran cerca de las tres de la tarde y hacía tanto calor que hasta Dios se estaba quedando dormido.

Mientras predicaba aburridamente, pude ver que muchos chicos no ponían atención; algunos hasta se dormían.

En mi interior solo deseaba una cosa: salir de ahí y olvidarme de esa estúpida idea de convertirme en predicador.

Hasta que, sorpresivamente, se cortó la luz en todo el auditorio. En un instante todo era oscuridad en ese antiguo teatro.

Los jóvenes que dormían despertaron, los que hablaban dejaron de hablar, los organizadores estaban más nerviosos que Biblia en mano de un marihuanero.

De pronto, un hombre llegó y me alumbró con una linterna muy potente. Yo estaba solo en el escenario con un círculo de luz sobre mí y sin poder ver mi papel de anotaciones. Sentía los ojos de cientos de personas enfocados en mí, ahora completamente atentos a ese haz de luz en medio del escenario y a ese perfecto desconocido detrás del púlpito. El organizador no apareció nunca.

Lo primero que pensé fue que no podía bajarme. Pero, ¿qué hacer? ¿Gritar como loco, orinarme, bailar lambada, ofrecer agüita del Jordán y crucecitas de Jerusalén, reprender al demonio de «oscuridad» o sencillamente bajarme sigilosamente y que el show continuara?

Lo primero que hice fue salir de la cárcel mental en la que estaba. Dejé el púlpito a un lado y, aunque ustedes no lo crean, comencé a usar extractos de mis rutinas de humor que ya tenía en mi bagaje mental y las entretejí como pude con el mensaje que venía predicando.

La gente comenzó a reír. Luego, cuando volvió la luz, terminé de predicar y el auditorio se puso de pie para aplaudir.

Al bajar del escenario, uno de los pastores invitados se acercó, me abrazó y me dijo: «Muchacho, doy gracias a Dios que la luz se cortó».

Comprendí en ese segundo quién era yo en realidad y lo que Dios quería que hiciera el resto de mi vida.

Lo demás es historia.

Es así como he pisado varios escenarios de distintos países haciendo algo maravilloso y a la vez atrevido: humor y reflexión.

Muchos son los que no están de acuerdo con esta mixtura extraña. Me han llamado payaso, falso profeta, lobo rapaz y otros adjetivos que salen de la frondosa imaginación de hermanos disgustados.

Por eso escribo este libro. Primero, porque es mi misión en la vida encantar nuevamente al pueblo cristiano con esta espiritualidad de la alegría y enseñar acerca de este Dios alegre y tan chistoso que siendo Dios se hizo uno como nosotros al punto de pasar desapercibido ante el lente de aquellos que por siglos lo esperaban. Eso sí constituye una buena broma.

También escribo este libro porque Lucas me dijo que me haría millonario y que me podría comprar una mansión cerca de la suya en Miami y que además tendría como vecino a Benny Hinn, sin embargo, eso es una motivación sumamente secundaria.

Si te animas, acompáñame en este vagón tan particular, el vagón del humor y su historia. Permíteme mostrarte diferentes paisajes, algunos de ellos se remontan al pasado. Después de leer este libro no solo tendrás una visión histórica y panorámica de la historia del humor y la risa en diferentes disciplinas, sino que podrás conocer algunos secretos y elementos prácticos a la hora de hacer humor en tu ministerio.

Y si en última instancia no te agrada este libro, por lo menos tómalo como un chiste.

«La risa es uno de los mejores placeres gratuitos que existen, después de ir al baño».

El autor

I PARTE
HISTORIA DEL HUMOR
¿DÓNDE COMENZÓ TODO?

Las personas que asumen la vida con humor poseen una suerte de *«presencia divina»* que las conduce a superar exitosamente las frustraciones o «muertes» de sus expectativas.
Jaime de Casacuberta, conferencista chileno

1. Cuando hablamos de humor, ¿de qué hablamos?

Palabras preliminares

Su nombre era Claudio Navarro.

Nos invitaron a un congreso de jóvenes y él era el predicador. Este pastor no era como los tantos que cuando predican nos hacen recordar la misericordia de Dios, porque como ella, su mensaje *no tiene fin*.

Fue algo mágico, de pronto me vi atrapado por sus palabras, como si se tratase del flautista de Hamelin. Todos los chicos estábamos embobados por la destreza verbal de aquel predicador. Reímos a más no poder, pero no solo por la alegría con la que comunicaba su mensaje, sino también por esa firmeza de no hacer concesiones a la falta de compromiso. Al final, todos los chicos terminamos agradecidos profundamente a la organización del evento por permitirnos, casi por primera vez en nuestras vidas, estar atentos al mensaje por más de treinta minutos sin dormirnos con los ojos abiertos.

Luego supimos de otro predicador, un argentino llamado Dante Gebel, que con su programa de radio cautivó a toda una generación. Lo vi en vivo cuando yo tenía unos veintiún años, ¡y él ya unos cuarenta y cinco!

Su estilo tan dinámico y lúdico terminó por convencerme de que la comunicación del evangelio puede terminar en varios puertos:

1. Atemorizar a la audiencia con las penurias del infierno.

2. Aburrirla con respuestas a preguntas que ya nadie se hace y que solo les interesan a algunos ratones de biblioteca extasiados en los pesados libros de teología sistemática y dogmática.

Discusiones dogmáticas sobre la predestinación del pájaro do-do y la venganza de los arrianos de ultratumba. Discusiones interesantes para aquellos para los que el cristianismo ha terminado siendo solo un compendio de verdades irrefutables, llegando a una versión cartesiana del evangelio.

3. Poner sobre los lomos de la gente pesadas cargas de moralina religiosa y de estética del terror, como: «No te pongas esos jeans», «No te cortes el cabello así» o «No te dejes esa barba, que te pareces a Fidel».

Y vestir como los cuáqueros del siglo XVIII o como mi tía, que no se depila por sus «convicciones cristianas», y ya no se sabe si esa mujer viene de la costilla o de la axila del hombre.

4. O, como última opción, cautivar a la audiencia como si fuera la primera vez que escuchara las palabras que emanan de aquel antiguo Libro, pronunciadas en un lenguaje tan actual que hace que los personajes cobren vida nuevamente. Provocar un encuentro único entre estos dos mundos: aquel que dejó de existir hace más de dos mil años y la actualidad.

Ya se imaginan cuál opción elegí. Opté por el camino más difícil.

Así comienza mi propio andar, mi propio peregrinar.

¿Por qué el humor es patrimonio solo del ser humano?

El ser humano tiene una capacidad exclusiva, la capacidad de reír y de hacer reír. Si bien se ha reconocido que algunos primates (y más de un profesor de matemáticas) expresan alegría, no es comparable con la capacidad innata del hombre para mirar la vida y reírse de aquello que considera gracioso.

Los seres humanos somos únicos, porque tenemos conciencia (al estilo *humano*), es decir, facultad de decidir y hacernos sujetos, y ser responsables de los actos que cometemos.

Los animales son regidos por una conciencia más instintiva. Su grado de conciencia les permite el reconocimiento de ellos mismos y del ambiente que los rodea, pero no al nivel de los «homo sapiens».

En definitiva, **somos la única especie que puede buscar conscientemente la alegría e incluso crear comicidad.**

La neurociencia ha encontrado el lugar en el que se localiza la risa en el cerebro humano. Se ubica en la corteza prefrontal, zona del cerebro de la que surge la creatividad y la moral, un espacio cerebral que solo posee el cerebro humano.

Aunque parezca exagerado, los avances de la neurociencia son tan asombrosos que algunos estudios han comprobado que la persona que tiene mal humor o carece de la capacidad de entender el lenguaje figurado del chiste es así porque presenta problemas en el lóbulo frontal del cerebro, que es la zona receptora de la dimensión humorística del hombre.

En pocas palabras, ¡los que no tienen sentido del humor son unos descerebrados!

El humor no es nada nuevo

Siglos antes de Cristo, los antiguos griegos creían que el comportamiento humano estaba regido por ciertas sustancias a las que les llamaban «humores». Este «humus» se consideraba uno de los componentes que determinaban el carácter de la persona o que lo hacía propenso a ciertas enfermedades.

De ahí vienen las categorizaciones de flemático, melancólico, sanguíneo y colérico para definir el tipo de personalidad de una persona.

Existen otras palabras griegas, como «entusiasmo», que proviene del término «entheos», cuyo significado conlleva la idea de alguien que tiene a «Dios adentro».

Actualmente algunos señalan que la palabra «humor» surge de la combinación de palabras de dos idiomas ya extintos. «Hu», que viene del Egipto antiguo y que posiblemente hiciera referencia a un dios del norte de África que tenía que ver con la palabra. Y «mor» que proviene del latín «mortem» y significa muerte. Entonces humor podría significar «el dios que está sobre la muerte», o «el dios que vence la muerte».

Varios psicólogos tendrían razón, entonces, al decir que la risa es un recurso humano para huir del dolor.

Los antiguos lo veían de una manera más sencilla.

Ahí donde está la risa, donde hay humor, ahí está Dios, venciendo los poderes que atraen la muerte y el sentido de desahucio existencial.

En esencia: **El humor es la capacidad de mirar y decir las cosas de manera *seria*, pero no *grave*.** Es un reír pensante, cuestionador, liberador y, en cierta manera, transgresor.

¿Por qué hago una distinción entre seriedad y gravedad?

Porque siempre me encuentro con alguien que piensa que esto de hacer reír es para aquellos que andan en la vida gastando su tiempo en tonteras. *¡Craso error!*

La seriedad no tiene nada que ver con andar por la vida con cara de trasero (como diría el cómico chileno Coco Legrand).

Seriedad es la capacidad de comprometerse con la tarea que uno está desempeñado. Y déjenme aclarar (si por casualidad son de los que dicen: «La risa abunda en la boca de los tontos», paradigma que hoy la psicología y la pedagogía rechazan tajantemente) que el arte de hacer reír es uno de los más difíciles que existe y un buen comediante no solo es el que nos hacer reír, sino también el que nos invita a mirar la vida desde una óptica particular.

El trabajo de un buen comediante es muy serio porque ha tomado con un compromiso absoluto lo que hace.

El humor también es transgresor, pues no hay lo que se llama «humor blanco», lo que quiero decir es que todo buen humor tiene ese «no sé qué» que denuncia algo.

Breve pincelada histórica de Grecia al monólogo

Griegos chistosos y antifilósofos

En Atenas, cuando alguien quiere hacer una crítica seria a la sociedad o a algún grupo específico y cuenta con las herramientas literarias, escribe una comedia.

Aristófanes, que nace en el siglo V a.C. es el padre del género. Su trabajo se centra en reírse de los intelectuales que vienen con nuevas filosofías. A pesar de que Aristófanes pertenece al grupo más conservador, inicia lo que hoy llamamos la «sátira política». El humor de Aristófanes se da en un tiempo de mucha crisis en el país por causa de la guerra del Peloponeso, e intenta ser la voz de otros frente a los más poderosos.

Aristófanes se ríe de las circunstancias sociales y ridiculiza a ciertos personajes públicos, incluso al grado de parecer abiertamente burlesco y visceral.

La gente abarrota los lugares para ver sus obras. De las más de cuarenta que escribe, solo nos quedan once. Hay una obra que se llama *La Paz* en la que ridiculiza incluso a los dioses y habla sobre la guerra entre Atenas y Esparta. En otra, las mujeres piden que termine la guerra y lo hacen con una huelga de sexo con sus esposos hasta que las hostilidades lleguen a su fin. Resultado: las mujeres ganan. La guerra termina más rápido de lo esperado y se consigue la paz. Porque al fin y al cabo, para los hombres hay un tema que es más importante que la política o el fútbol.

Nuestro Aristófanes es un activista político pacifista que usa el humor.

Quizás si hubiese sido hippie, habría dicho algo parecido a: «Hagamos el humor y no la guerra».

Entre otras cosas curiosas, es nuestro amigo el que inventó el levantar el dedo del medio para burlarse de otra persona. Ahora ya sabemos cuántos hijos de Aristófanes andan sueltos por la calle, sobre todo cuando hay congestión vehicular.

Luego aparecen muchos comediantes en Grecia y Roma. Se cuenta acerca de uno llamado Filemón, un gracioso actor que es invitado a sacrificar un animal en un templo pagano. Él se rehúsa a hacerlo por su condición de cristiano y resulta asesinado por el Imperio Romano. El pueblo lamenta mucho la muerte de aquel famoso comediante. Luego la iglesia católica lo beatifica y este se transforma en el primer humorista beato: San Filemón.

Juglares, los «endemoniados» de la Edad Media

En la Edad Media aparecen los juglares invadiendo Europa. Los juglares provienen de las clases sociales más bajas, a diferencia de los trovadores. Los trovadores son escritores que componen sus poemas o hazañas épicas y casi todos pertenecen a la aristocracia. Muchos trovadores contratan juglares para que interpreten sus poemas y melodías.

Hay juglares que acompañan a los trovadores, y otros son itinerantes. Ellos interpretan obras de trovadores y la mayoría de las veces añaden sus propias ocurrencias al material original. Caminan de aldea en aldea, de ciudad en ciudad, visitando castillos y contando historias asombrosas. La palabra «juglar» procede del latín «iocularis» que significa broma, chiste, jugarreta. Luego de algunos siglos, los juglares evolucionan; ya no incluyen solo a los músicos, sino a toda una gama de narradores de historias, titiriteros, lanza fuegos, saltimbanquis, traga cuchillos y otras extravagancias. Ellos, posiblemente, sean los primeros antepasados del arte circense tal como lo conocemos hoy.

Sin embargo, los juglares no son muy apreciados por otro grupo social, el de los clérigos, que representan a la iglesia. En la iglesia de la Edad Media, la risa se considera un desprecio al sacrificio de Cristo en la cruz. La iglesia les recuerda a sus devotos que en la crucifixión de Jesús los que se reían eran los burladores enemigos del Señor.

Así también enseñan que todo juglar que incite a la risa es un hijo del diablo, una encarnación de Satanás. Por eso muchos de ellos al morir no pueden acceder a ser enterrados en campos santos; la mayoría recibe sepultura en aquel lugar que siempre ha sido su casa: los caminos.

Además, la vida que llevan muchos de los juglares no contribuye mucho a mejorar su imagen, pues son bohemios y alejados de la moral imperante en la Edad Media.

Pero el clero, tarde o temprano, tiene que ceder pues el pueblo ve que esos altos estándares que defiende la iglesia no son seguidos por la aristocracia. De ahí que muchos juglares ridiculicen a ciertos miembros prestigiosos de la iglesia. La risa, catalogada como un «insulto a Dios», no se puede frenar, pues los aldeanos ríen en los campos, en las tabernas, en los cementerios, en los caminos. Y los juglares, como dignos apologistas de la risa, ganan la batalla, ya que en el siglo XII la iglesia cede terreno y acepta la risa, pero «reposada y prudente».

Una de las tantas historias que se cuentan de estos siglos (quizás narrada por un juglar) es la de un hombre ya viejo que ha dedicado toda su vida a contar historias y hacer reír a los niños. Como ya está cansado, busca asilo en una abadía. Los caminos siempre han sido su morada, pero elige la abadía como su último hogar. «¡Un juglar!», gritan cuando lo ven entrar. Los monjes lo reciben con recelo y sospechando de su conversión. Pero de todas maneras lo dejan ser parte de la comunidad como un hermano lego (monjes encargados de asuntos de limpieza y trabajos duros, como Nacho Libre, mientras que los otros monjes se dedican al estudio y la contemplación).

Le encargan a este viejo juglar, ahora religioso, que limpie la abadía, restriegue los pisos, cuide de los jardines, arregle los desperfectos en general. Y él lo hace con una entrega absoluta. Se cuenta que un día entra a una vieja capilla para limpiarla. Un silencio sagrado envuelve el lugar. Ve en lo alto la luz de sol entrometiéndose y atravesando el nártex para llegar al altar.

Se inclina y ora en silencio: «Dios, ¿qué puedo ofrendarte que sea digno? ¿Qué puedo ofrecerte para que tú te alegres con mi ofrenda? Mis hermanos son mucho más sabios que yo. Sus oraciones y sus estudios no se comparan con los de este viejo ignorante». De pronto, a su derecha ve la imagen de un pequeño niño, sentado en medio de pañales y animales que lo rodean. Unos pastores le traen regalos, mas el niño mira al juglar con rostro sereno. Inmediatamente recuerda a los cientos de niñitos a los que ha alegrado con sus movimientos y acrobacias a lo largo de la vida. Así que frente a este otro pequeño, comienza nuevamente a realizar acrobacias, sintiendo en su corazón que esa es la única ofrenda que podría dar con gran alegría y entrega.

Un monje entra en la capilla y detrás de un pilar ve en silencio la «gran herejía» que está aconteciendo en la casa de Dios.

Llama al Abad y contemplan en silencio a ese juglar que, esforzándose, realiza malabares frente al pequeño niño.

Mientras el Abad es presionado por el monje a detener tal sacrilegio, el Abad recuerda las enseñanzas de su padre.

Un día, viendo a un juglar en una plaza cuando él era niño, su padre le dijo: «¿Ves hijo a ese hombre? Muchos lo tienen por loco e ignorante, porque anda de ciudad en ciudad haciendo cosas ridículas como caminar con las manos. Pero así también fue Jesús nuestro Señor, como uno de esos hombres, no tenía hogar, andaba en caminos olvidados, entre gente sencilla y menospreciada. Él enseñó a sus discípulos que el verdadero sentido de la vida no está en lo que muchos creen, como las riquezas, el poder y la fama».

»Y así, tanto él como sus apóstoles fueron en búsqueda de un estilo de vida del que muchos huyen y huyeron de aquello que muchos buscan».

»Como este juglar, el reino de Jesús está patas arriba. Perdona cuando todos quieren juzgar y sé radical en aquello en lo que otros prefieren dar licencias».

Mientras el Abad recuerda las palabras de su padre, el juglar, cansado y sudando, se inclina ante la imagen del pequeño niño, que según cuenta la historia, muestra ahora una sonrisa mucho más brillante y expresiva.

Bufones, las deformidades que deslumbraron en la modernidad

Algunos sugieren que el nombre bufón viene «bufos» un sonido extraño que emiten estos hombres al actuar y que provoca risa. Probablemente se trate de un ruido parecido al de un animal rumiante. De ahí que se los ligue a las «bufonerías», sacrificios paganos que se realizaban en la antigua Grecia, que consistían en matar bueyes.

Luego, se relaciona este término con la burla grotesca.

A diferencia del juglar, en un principio, el bufón es ese improvisado cuenta chistes o lastimero personaje que se presenta en la corte para mover a la risa con sus pobres actuaciones e improvisados accidentes y golpes que perpetúan la idea de lo grotescamente estúpido.

Casi todos los bufones son enanos, jorobados o gente con alguna deformidad que usa sus características físicas para atraer el morbo de la realeza. En esencia, el bufón es la contracara del rey y de la corte. Ese ser humano pintorescamente feo y deforme se transforma en la antítesis de la belleza y distinción de la clase cortesana.

Sin embargo, aparece otra clase de bufón, el crítico social, que representa la voz del pueblo y es el único con permiso del rey para hablar sobre cosas de las que nadie puede hablar. Este abuelo de los payasos modernos es el único al que se le permite burlarse del propio rey. Constituye la voz de aquellos que no tienen voz, acusando a los mismos cortesanos que tiemblan ante sus actuaciones.

Claro, lo hace sutilmente, con su palabra sabia y su prudencia, pues si se sobrepasa lo pagará muy caro. Su propósito no es llegar al poder, sino hacer visible lo que se debe cambiar. Muchas veces provoca que los poderosos se rían de ellos mismos y comprendan algo que hasta ese momento no lograban ver. Uno de los más grandes bufones en Francia y en Italia es Triboulet, nacido en el siglo XV y preferido del rey Francisco I.

Estos personajes caminan por la delgada línea que hay entre la burla y la ironía, al borde del precipicio que puede llevarlos a ser tildados de burladores del rey. Sin embargo, si salen ilesos, pueden provocar interesantes cambios en la gestión monárquica.

El bufón es, en esencia, el representante del mundo sufriente, de los expatriados de la felicidad. En sus deformidades lleva las deformidades de cientos de personas que viven de manera indigna. Frente a la aristocracia, exhibe personajes sacados del misterio, horrendos monstruos, grotescos hombres, estúpidos seres, algunos casi animalescos. Pero constituye una radiografía de lo grotesco y estúpido que puede llegar a ser el poder.

Los cortesanos se ríen de sus propias monstruosidades, de sus propios excesos e inhumanidades.

El bufón es un analista de los vicios de su época.

Los payasos, «hombres de paja»

El término payaso proviene de «pagliacci», que significa hombre de paja, pues en sus comienzos son artistas pobres que confeccionan sus ropas con los sacos en los que se coloca la paja.

Sin embargo, las verdaderas raíces del payaso se encuentran en el siglo XVI, en «La comedia del arte». Esta comedia del arte recoge una tradición que ya tenía lugar en Roma dos siglos antes de Cristo en las atelanas romanas, pequeñas piezas de teatro cómico financiadas por los patricios. Cuando el Imperio Romano se convirtió al cristianismo, esas atelanas desaparecieron pues fueron clausuradas.

Y es en Italia, en el siglo XVI y XVII que surge con fuerza esta nueva comedia llamada *La comedia del arte*.

Esta comedia tiene personajes bien definidos y cierta estructura, pero en esencia los diálogos son mayormente improvisados.

Los personajes, con sus características propias, son los siguientes:

1. Arlequín: Del italiano «hellechinno», que significa «pequeño truhán». Es un hombre muy pobre, sirviente de Pantaleón. Ingenuo, torpe y a la vez cándido y querido. Está enamorado de Colombina, y es el eterno rival de Pantaleón y de Pierrot, contra el que lucha por el amor de la doncella. Es uno de los protagonistas y como principal característica se destaca la facilidad que tiene para meterse en problemas.

Su disfraz es típico. La ropa está confeccionada con rombos de diferentes colores y lleva un sombrero con campanillas. En el siglo XVIII, en Inglaterra, el personaje deriva a un más refinado y menos torpe protagonista y su nombre cambia a «Joker», también conocido como «Guasón» (no el de Batman).

2. Colombina: Hija de Pantaleón, hermosa dama que despierta el amor de Arlequín y de Pierrot.

3. Pantaleón: Hombre ya viejo, padre de Colombina, típico suegro que desea proteger a su hija para que no se enamore de cualquiera. Lleva unas calzas muy particulares, de ahí proviene la prenda llamada «pantalón» en honor a su nombre. Se dice que es Lorenzo de Medici el que lo crea. Su estilo se acerca al personaje Ebenezer Scrooge de la obra de Charles Dickens. Este Pantaleón es también tacaño y egoísta.

4. Brighella: Es el jefe de los empleados, arrogante y astuto, más fornido y atractivo que Arlequín, pero menos querido por la gente y especialista en cantar y bailar. Se trata de un personaje más oscuro y mentiroso.

5. Pedrolino: Ser ingenuo y perdidamente enamorado de Colombina. A diferencia de Arlequín, este personaje es más tranquilo y no se mete en tantas peleas como el primero. Arlequín siempre lo tienta a vengarse de Pantaleón y siempre es a Pedrolino al que descubren. Después de aparecer en Italia, se lo importa a Francia, y allí adopta la postura que luego dará vida al clown. Este Pedrolino, también conocido como «Pierrot», se enamora de Colombina; ella se casa con él, pero al poco tiempo lo engaña con Arlequín. Luego de esa tremenda traición, él evade la realidad y hace como si nada hubiese pasado (aunque en la ópera que encarnó Carusso, el paggliaccio asesina a Colombina por su traición), de ahí en más proyecta su amor a la luna. Eso es lo que da origen al blanco lunar de su rostro, a la lágrima negra que pende del ojo, a la luna negra en la mejilla y al sombrero de copa. Este prototipo representa al payaso triste y melancólico.

En el siglo XVIII Giuseppe Grimaldi le da forma a este Pedrolino para convertirlo en el clown (la palabra «clown» deriva de «clod» que significa campesino porque su vestimenta se asemeja a la de un aldeano). Se cuenta que Grimaldi sufre depresión y un día va al médico. El médico, sin saber quién es, le dice: «Le recomiendo que para aliviar su tristeza vaya a ver a Grimaldi, él lo hará reír», a lo que el paciente le contesta: «Pero doctor, yo soy Grimaldi».

6. Pulcinelo: Astuto personaje que siempre anda con un garrote. Soluciona sus desacuerdos a través de la violencia.

7. Zanni: Empleado de Pantaleón. Se trata de un hombre pobre y ambicioso, aunque bastante básico. Fiel a su empleador, Zanni representa al campesino pobre que va a la ciudad a buscar fortuna.

8. Somardino: Personaje secundario y misterioso, su labor en la obra es hacer infelices a los personajes; muchas veces los engaña o los hace pasar por vergüenzas terribles. Su característica principal tiene que ver con la doble intención; no se puede confiar en él.

9. Capitán matamoros: Cuando España domina a Italia, aparece este personaje que constituye una burla al opresor. Su apariencia grande y temible es la de un militar que ostenta ser valiente, pero que en el fondo resulta pusilánime y cobarde.

10. Doctor: Amigo de Pantaleón, hombre dado a la bebida que pretende ser muy culto y al que le gusta hablar de forma rebuscada y hacer observaciones sobre temas que a él le parecen profundos, pero que no le interesan a nadie.

Hacia finales del siglo XVIII, el circo tal como lo conocemos hoy cobra fuerza. Con su carpa en forma circular y en medio, la pista. Los primeros números cuentan con acrobacias ecuestres. Subidos sobre los caballos, los domadores hacen sus malabarismos. Entre un número y otro, un asistente sale a la pista a limpiar el excremento de los equinos. Algunos palafreneros o limpiadores, mientras realizan sus tareas, hacen alguna gracia para que la gente se divierta mientras espera el próximo número.

Cuenta una historia que un día un palafrenero llamado Augusto sale borracho a limpiar la pista. El tipo está tan bebido que se cae una y otra vez. La gente piensa que eso forma parte del espectáculo y comienza a gritarle: «Augusto, Augusto».

De esa manera comienzan estos pequeños espacios para la risa en medio de las acrobacias. Así nace el «Augusto» que, inspirado en este personaje, toma prestada del Arlequín su viveza.

Aunque hay otra fuente que señala que Augusto viene de «augus», una antigua palabra alemana que significa «tonto».

Viste de manera extravagante, lleva una nariz roja en recuerdo del borrachín que lo ha inspirado, zapatos grandes y ropa que no le queda (porque se lo tiene por un jovencito pobre que se viste con la ropa de sus hermanos mayores). Este Augusto acompaña a otro payaso, el clown.

El Augusto es el más cómico de los payasos; en esencia, un niño que trata de imitar al mundo adulto (por eso sus ropas grandes y sin estilo), pero al que eso no le sale. Y en su intento, logra una versión propia de la rigidez del mundo adulto, y se ríe de él. Es estúpido y básico en sus razonamientos, a veces demasiado ingenuo y torpe, pero con una torpeza premeditada, estudiada, porque al final demuestra que la torpeza que aparenta no es sino mofa. En el fondo, el Augusto es sumamente inteligente y manipula la situación con sus erradas acciones.

En cambio, el clown representa al mundo adulto y represivo. Ya en el siglo XIX, el clown va dejando de ser el ingenuo Pedrolino para transformarse en un ser refinado. A finales de siglo se le permite hablar, cosa que antes solo podía hacer el presentador.

Tiene la cara pintada de blanco con una luna en su mejilla, a diferencia del Augusto que lleva colores desordenados y ropa ancha. Ambos constituyen las dos caras para un dueto de humor. De un lado el serio, que trata de ridiculizar al pequeño e ingenuo, y del otro el que está en desventaja visible, pero que en sus idioteces termina riéndose del que aparenta ser maduro e inteligente.

Detrás de este modelo se encuentra la antítesis entre el pobre, desvalido e ingenuo y el rico, poderoso y prepotente.

Algunos señalan que este modelo circense rescata la imagen del bufón y el rey.

El clown representa al rey que necesita un ser insignificante del que reírse y al que hacerle bromas. El Augusto representa al que se deja ridiculizar y explotar para luego tomar la sartén por el mango y reírse finalmente del otro.

Dentro de este contexto de humor ninguno de los dos pierde ni gana. Ya a finales del siglo XIX el circo y el payaso son conocidos en toda Europa. Luego llegan a América, y junto con la televisión se inmortaliza este modelo de humor.

El clown y el Augusto cobran vida en varios artistas del teatro y la televisión, como Laurel y Hardy, más conocidos como el Gordo y el Flaco, Abbot y Costello, y luego los inmortales Jerry Lewis y Dean Martin, entre otros.

En Chile este formato de humor es muy famoso en las calles. Los payasos actuales, sin pintura en sus caras, inmortalizan estos caracteres.

También encontramos al «bandejero», que es una suerte de presentador (en el papel de un clown). Este hace bromas, pero su rol principal es tratar de ridiculizar al otro. Representa al adulto, más racional y rígido. Junto a él aparece uno más tonto, pero a la vez chistoso y astuto (que hace de Augusto). La tarea del bandejero es proporcionar la plataforma para que su compañero haga los chistes.

Lamentablemente muchos de los que hacen humor callejero o espectáculos nocturnos han traicionado la verdadera esencia del «Paggliasso», deformando su esencia en un mordaz personaje que utiliza la grosería y el tan predecible humor con doble sentido para arrancarle una sonrisa a la gente.

Ese personaje ha sido un crítico de su sociedad, una suerte de loco y genio, observador de los abusos y de las atrocidades de nuestro siglo, pero ha quedado casi en el olvido. Ese clown sigue con la lágrima negra en la mejilla porque lo hemos desterrado, dejando en escena su imitación barata.

Sin embargo, hay grandes circos internacionales que han rescatado al clown que se había echado al olvido y a Augusto, como el Circo del Sol.

También existen iniciativas menos empresariales, como las murgas, espectáculos callejeros en los que estos clowns, entre música, acrobacias, contorsiones de saltimbanquis, historias, mimos, farsas y parodias vuelven a encantar a jóvenes y niños.

En este recorrido histórico debemos mencionar la aparición de otro tipo de payasos que adornan aún más el espectáculo, y al que incluso podemos encontrar en grupos de cinco o seis simultáneamente. Ellos son: el Segundo Augusto, el Excéntrico, el Vagabundo, el Payaso de Sireé, el Mimo, el presentador Mesié Loyal y Cascador.

Lo esperanzador de todo esto es que mientras haya niños, habrá circos y habrá payasos.

Vodevil y los inicios del varieté

Unido al juglar y a las artes de la comedia, aparece a mediados del siglo XIX en Francia, Viena y España el «vodevil». Se trata de una derivación del género teatral y lírico dramático que tiene mucha fama en los lugares nocturnos de Europa. Consta de diálogos entrelazados con música y baile. Todo expresado en códigos de sátira y humor. Los temas casi siempre versan sobre líos amorosos.

Son en su mayor parte mofas sobre las óperas tradicionales. En Francia, con el vodevil se baila cancán; en España, la zarzuela; y en Viena se vuelven famosos los valses de Strauss.

Hace algunos años se produjo una película musical, un vodevil cinematográfico llamado *Moulin Rouge*. Cuenta la historia de una actriz de vodevil, Satine, que se enamora de un muchacho bohemio. La trama narra que ella se debate entre el amor hacia el joven y su interés por seguir ascendiendo en su carrera, de mano del Duque.

Luego, a mediados y fines del siglo XIX aparece en Francia otro género, el «varieté». Como su nombre lo indica se trata de un show de variedades.

No hay muchos escritos sobre este género pues es uno de los más alternativos que existe. Por lo general ese tipo de expresión artística resulta censurada durante los gobiernos dictatoriales, pues se la considera peligrosa por la transmisión de mensajes sediciosos.

El varieté es un show que no cuenta necesariamente con un hilo conductor visible, pero en él todo mantiene ciertos márgenes de coherencia. Tiene lugar en sótanos, bares, espacios alternativos, teatros, galpones de mala muerte. En cada lugar en el que se encuentran los intelectuales, librepensadores, el vulgo o los jóvenes en búsqueda de comunidad, allí posiblemente surjan shows de varieté.

En este género resulta muy importante la comunicación con el público. A diferencia del teatro, no se limita a las tablas clásicas en las que se paran los actores, pues no hay división entre el escenario y las mesas ante las que se encuentra sentado el público. Incluso los mismos personajes del varieté pueden servir las mesas.

Este género se estructura en tres bloques:

1. El cantado
2. El bailado
3. El cómico

El varieté comienza a ser un género aglutinador de otras manifestaciones artísticas. En un mismo show pueden aparecer clowns, mimos, ventrílocuos, malabaristas, contorsionistas, magos, monologuistas, bailarinas, presentadores, hombres orquesta, ilusionistas, algo de comedia musical y cabaret. Incorporar todos estos números en un solo espectáculo constituye todo un desafío, por eso es preciso que haya un coordinador (que no es el director), para agilizar el show. Cada actor tiene no más de diez minutos para mostrar su arte.

Este modelo de espectáculo es muy común en ciudades como Buenos Aires, donde los espectáculos de «revista» presentan sus shows incluyendo casi siempre rostros televisivos. Famosos son los varietés y revistas de la calle Corrientes.

Monologuista o comediante de pie

El género de monólogo o comedia de pie [Stand Up] surge en Estados Unidos luego de la gran depresión, aunque ya a principios del siglo XX había comediantes que aparecían como presentadores que entre un número y otro contaban algunos chistes. Sin embargo, el género en sí, con las características actuales, comienza de la mano de la pobreza, cuando la necesidad lleva a algunos con dotes actorales a pararse en los bares para contar sus propias desgracias.

Ya en los grandes programas de radio de los años 30, Bob Hope, comienza todos sus programas con unos minutos de monólogo; luego vienen los invitados. En medio del show el presentador humorista aparece nuevamente. Este tipo de espectáculo se hace muy famoso. Las temáticas casi siempre giran en torno a opiniones acerca de algún acontecimiento político, o tienen que ver simplemente con un relato de anécdotas personales.

Esa es la idea del comediante de pie (quizás también se lo llame así porque el pobre cómico es tan pobre que no tiene donde caerse muerto). Implica una suerte de catarsis colectiva, promovida por un pobre tipo que, de manera dramática, hace que sus desgracias tengan gracia.

El monologuista cuenta una «rutina», básicamente en torno a un relato de la vida cotidiana. La idea es provocar en la gente la sensación de «a mí también me pasa». El comediante solo se tiene a sí mismo; no puede, en momentos de aprieto, esconderse detrás de ningún compañero teatral.

Para muchos actores hacer un monólogo en solitario es como pararse frente a un monstruo de veinte cabezas: o lo matas tú o él acaba contigo; no hay puntos intermedios.

Más tarde, en los años 70, en los Estados Unidos, se hace famoso el «Club de la Comedia», en el que varios famosos comediantes presentan sus rutinas. Artistas como, por ejemplo, Bill Cosby, Jerry Seinfeld, Richard Pryor, Jim Carrey, Will Ferrell. Todos ellos se foguean en los rudos escenarios nocturnos hasta llegar a convertirse en grandes de la comedia.

Hoy en día vemos que en Latinoamérica este género está muy difundido y va en un sostenido crecimiento. Si la rutina del monologuista se nutre de las desgracias sociales y políticas, muchos de nuestros países son y seguirán siendo un gran semillero para nuevos artistas.

En resumen, desde los primeros humoristas que aparecieron en el mundo, aquellos pintorescos hombres que pintaron en sus cuevas expresiones rupestres y así se transformaron en los primeros humoristas gráficos de la historia, siguiendo por los bufones de los faraones y de los emperadores chinos cuatro mil años antes de Cristo, pasando por el humor de la comedia en Grecia y en las antelas romanas, continuando con los aprietos y persecuciones de la Edad Media, que expandieron sus fronteras a lo largo de la modernidad y hasta nuestro siglo, sorteando guerras y grandes crisis económicas, podemos decir que:

1. El humor contiene una fuerza colectiva humana increíble. Tan es así que puede cambiar las formas y los paradigmas de una cultura determinada.

2. El humor aparece en momentos de crisis profunda, cuando las estructuras de poder pierden el respeto y la credibilidad. El humor emerge para criticar aquello que está perdiendo credibilidad.

3. El humor puede ser una herramienta para dialogar con estructuras inflexibles.

4. El humor tiene un tenor de protesta que lo hace víctima de la persecución.

5. El humor entabla, como dice Soreen Kierkegaard, una «comunicación indirecta», nos propone verdades admirables y modelos de vida por otros canales que no son los clásicos del argumento racional y coercitivo.

6. El humor no solo sirve para distanciarse del dolor (como decía Freud), sino también para acercarse al dolor humano desde una nueva perspectiva.

7. El humor es un acto liberador, creador de puentes, que lleva la fuerza de proponer nuevos caminos para ser y hacer sociedad.

8. Cuando los cristianos guardaron silencio frente a algunas situaciones históricas importantes, Dios hizo hablar a los humoristas.

El humor en la medicina

«Tómese dos gotitas de humor cada día»

De Patch Adams hasta aquí, existe una interesante valoración del humor en el campo de las terapias alternativas.

En las terapias provoca que los pacientes se sientan menos bloqueados a la hora de enfrentar emociones dolorosas.

La risa, una cura para muchos males

Antes de que pasen cuarenta horas desde su nacimiento, los bebés ya son capaces de esbozar una sonrisa. Hasta la preadolescencia un pequeño puede llegar a reír unas trescientas veces por día, mientras que los adultos como máximo podemos llegar a reír, exagerando bastante, unas cien veces al día.

Se ha comprobado que la risa puede ser un antídoto natural contra la depresión, las crisis de pánico, la ansiedad, las fobias y las angustias.

Es el mejor analgésico, pues está comprobado que cinco minutos de risa hacen que el cerebro libere sustancias como la endorfina que es mucho más efectiva que la heroína y no tiene efectos secundarios.

Además, el cerebro se potencia y estimula su capacidad creativa y de memoria cuando nos reírnos.

Para aquellos a los que les gusta ejercitar los músculos, quiero mencionar que tenemos algunos en el diafragma que de la única manera en que se los puede poner a trabajar es a través de la risa; eso también dilata el bazo que permite la liberación de toxinas.

Es en la espalda y en la columna cervical donde más se concentra el estrés. Los músculos se distienden cuando nos reímos, provocando un masaje natural y un alivio de las tensiones.

Los ojos se lubrican y los pulmones hacen circular el doble de oxígeno que en un estado normal, lo que produce una tonificación de la piel.

Neurotransmisores como la encefalina actúan fuertemente a la hora de la risa. Esos neurotransmisores resultan esenciales para aliviar dolores de todo tipo. El corazón se beneficia.

El movimiento constante del abdomen produce una vibración al nivel del hígado que ayuda a una buena digestión. Las arterias se dilatan y se relajan facilitando el flujo sanguíneo y bajando los niveles de presión arterial.

La carcajada hace que todo el cuerpo reaccione liberando energía y aliviando la carga de ansiedad. Eso ayuda también a combatir el insomnio.

Además, en oriente la risa es valorada por ciertas influencias espirituales. En la India se conoce un ejercicio de meditación de nueve días durante los que se ríe durante tres horas por día. Esos ejercicios y otros similares, como caminar cierta cantidad de kilómetros riendo, resultan primordiales para ciertas prácticas espirituales.

En esencia, la risa hace bien. Activa el sistema inmunológico de tal manera que los resultados en el organismo contrarrestan a los que producen estrés. Las respuestas fisiológicas del organismo ante la risa son impresionantes. Desde la producción de endorfinas y la relajación muscular, hasta la producción de agentes positivos en la sangre que conlleva una sensación real de relajación y aumento de la concentración. Mejora la calidad de vida, e incluso en algunos casos se ve una disminución notoria del dolor crónico.

Hay una historia tremenda sobre usar el humor en algún instante dramático de la vida. Se dice que el sacerdote Tomás Moro fue encarcelado por Enrique VIII (en ese entonces, ya protestante). Luego de tres meses se dictó la condena: Decapitación.

Caminaba cansado, y frente a los escalones de aquel podio de la muerte, le pidió al verdugo que lo acompañaba: *«¿Sería tan amable de ayudarme a subir estas escaleras? Y no se preocupe por el descenso; deje que ruede solito».*

El sentido del humor de este hombre pasó a la posteridad.

Concluyo este capítulo con algunas preguntas.

1. ¿Qué importancia tiene la risa para tu vida?

2. ¿Qué momentos de risa recuerdas? ¿Dónde los compartiste? ¿Junto a seres amados?

3. ¿Cómo se percibe el humor o la risa en tu comunidad de fe?

4. ¿Qué aprendiste sobre la seriedad y el humor?

5. ¿Qué piensas sobre el humor y la crítica social?

6. ¿Crees que me haré millonario con este libro y seré hijo ilustre de Editorial Vida, viviendo en una mansión en Boca Ratón, convirtiéndome en vecino de Lucas Leys, Benny Hinn y Daddy Yankie?

«El corazón alegre es buena medicina, pero el espíritu quebrantado seca los huesos». Proverbios 17:22, LBLA

El Dios que nos hace reír

Y Dios dijo, hagamos al hombre conforme a nuestra imagen y semejanza, y Dios sonrió. Eso es lo que me viene a la mente cada vez que pienso en ese maravilloso momento en el que Dios nos creó; en ese instante nos dio la capacidad de reír así como él ríe y de hacer reír a otros. El reír y hacer reír a los demás es un regalo de Dios, un don maravilloso que, una vez que lo descubramos y destapemos, siempre querremos usar, pues ese presente nos acerca al Creador con un corazón lleno de alegría. Nuestro Padre celestial se presenta a nosotros con una sonrisa, una sonrisa que nos acerca a su corazón, una sonrisa que abre nuestro corazón para escucharlo a él y Dios nos unge con alegría. Por cada una de estas razones y un sinfín de sonrisas, el humor es muy importante en el ministerio, pues un corazón ungido de gozo dispone su alma y su espíritu para escuchar la voz de su Creador con alegría. «¡Jajajaleluya!».

Jorge Córdoba

El pastor de la risa, Colombia

II PARTE
HUMOR Y FE: ¿AGUA Y ACEITE?
EN DEFENSA DEL HUMOR

Se ha asumido durante siglos, que las personas involucradas
en la fe se caracterizan por entender la espiritualidad
como una expresión opuesta a la risa.

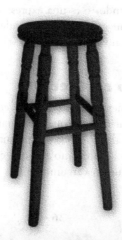

Iglesia y mundo

Estamos en el mundo, pero no somos del mundo... ¿Y quién se hace cargo del mundo?

Creo que siempre ha sido responsabilidad de los cristianos influir sobre la sociedad.

La palabra iglesia expresa este sentir. «Ekklesia» proviene de las expresiones griegas «ek», que significa fuera, y «klesis», que tiene que ver con llamado o vocación. Somos los llamados hacia afuera.

El llamado cristiano es a influir con el evangelio sobre la sociedad.

Las Escrituras enfatizan la soberanía de Dios. Los Salmos declaran que de Dios es la tierra y su plenitud. En el Nuevo Testamento (Mateo 28), Jesús aclara que se ha depositado sobre él la autoridad sobre todo el universo.

Entonces no hay por qué temerle a lo que nos espera fuera de las cuatro paredes del templo. Por el contrario, tenemos las credenciales divinas como para pisar hasta en los lugares más oscuros de la sociedad. Ese es nuestro derecho y deber.

Todo el mundo y toda esfera de la cultura es un escenario para la misión de la iglesia; el problema son los extremos.

Entonces, antes de continuar es necesario hacernos algunas preguntas. ¿Por qué no usar el humor como expresión para transmitir fe, alegría, cuestionamientos relevantes y verdades fundamentales? ¿El humor es del «mundo» o es una expresión del ser humano que también puede redimirse para Dios? ¿Dónde nació esa creencia de que el humor y la risa no tienen nada que ver con la espiritualidad?

Todo comenzó en Grecia

En varias ocasiones me han llegado correos electrónicos de cristianos bien intencionados que procuran hacerme entrar en cordura en cuanto a algo tan poco «espiritual» como hacer humor en la iglesia. Cuando les pregunto por qué creen que está mal, me responden con los siguientes argumentos:

1. El evangelio es serio y no para andar haciendo bromas.

2. La manera en que las personas conocen al Señor es por medio de la tristeza del arrepentimiento y no a través de la risa.

3. La iglesia no está para entretener.

4. La risa es una cosa carnal, no espiritual.

5. Jesús nunca se rió.

6. Jesús no era chistoso.

7. Lo que hay que predicar es la condenación y el pecado, y no cosas graciosas.

8. El púlpito es sagrado, y no deben contarse chistes desde él.

9. Un pastor tiene que ser un hombre de Dios, no un payaso.

10. La predicación debe conmover, no hacer reír.

11. Hacer humor desde el púlpito es acomodar el mensaje.

12. Los pastores predican el evangelio, mientras que los payasos del púlpito solo enseñan un evangelio light.

13. Lo que se hace así es traer el mundo a la iglesia.

14. El Salmo 1 condena a los humoristas, pues dice que no nos debemos juntar con los «burladores».

15. Pablo nunca habla de un ministerio del humor.

16. El pastor me dijo que usted era un falso profeta, y yo le creo a mi pastor.

¿Por qué muchos cristianos consideramos que hacer humor o provocar la alegría en un culto es algo que se aparta de la ortodoxia o la espiritualidad sana?

Mi tesis comienza en Grecia (hay datos que comparto en esta sección que los he recibido de mi amigo y profesor de filosofía Marcelo Olate, al que le agradezco infinitamente su cooperación). Es precisamente allí donde nace esta convicción de considerar el humor y la risa como algo impropio.

Un gran filósofo que vivió en el siglo VI a.C., Platón, es el que propone una manera muy particular de ver el universo y la vida. Él es el que separa y categoriza la experiencia humana en dos dimensiones: cuerpo y alma. En esa visión dualista, Platón subestima toda expresión humana ligada al cuerpo y a la materia y exalta la dimensión espiritual y pensante.

Esa visión platónica es muy característica en buena parte de la historia del pensamiento cristiano occidental, y a partir del segundo siglo varios pensadores cristianos usan un lenguaje filosófico para entender y defender la fe.

A estos primeros siglos de la iglesia, luego del periodo apostólico, se los llama la patrística.

Durante esa época, varios intelectuales cristianos, como por ejemplo Orígenes de Alejandría (y otros teólogos alejandrinos), hacen uso del lenguaje y de la cosmovisión platónica para enseñar, defender y asumir la fe cristiana.

Otros, como Tertuliano de Cartago, que es el primero en acuñar el término «Trinidad», han resultado muy influidos en su vida por el código romano y la filosofía estoica.

Por otro lado, aparecen dos grandes: Agustín de Hipona, imbuido del pensamiento de Platón y los estoicos, y en el siglo XIII, Tomás de Aquino, que cristianiza los trabajos de Aristóteles, haciendo una versión cristiana de su propuesta filosófica.

En cuanto al humor, cuando los grandes filósofos clásicos tratan el tema, casi siempre es para hablar mal de la risa o para ignorarla.

Se cuenta que Tales de Mileto, el padre de la filosofía griega, cae en un pozo por estar mirando las estrellas. Durante ese traspié, una esclava de Tracia se ríe de él.

Tracia es una zona en la que prolifera el culto a Dionisio, el dios del vino. Las fiestas a Dionisio son símbolo de exceso y sinrazón.

Desde un primer momento encontramos que en la filosofía griega se contrapone al primer representante del ser racional con la esclava que personifica la vida vulgar y torpe.

La razón y la risa desde el comienzo son rivales.

Luego Platón, en su escrito *El Filebo*, hablando sobre los placeres de la vida, pone en boca de Sócrates que la risa es un vicio, que ningún hombre sabio debe reír, porque eso sería un obstáculo para dominar el cuerpo (no olvidemos que para Platón el cuerpo es la cárcel del alma).

Luego, el mismo filósofo, en *La República*, dice que la carcajada es algo obsceno y perturbador.

Aristóteles es aún más enfático en cuanto al humor y a lo cómico. En su obra *Ars poética* dice que la risa es propia de seres humanos inferiores.

También llega a decir que la risa es una «mueca» fea que deforma el rostro y deforma la voz.

Agreguemos a eso la rígida postura de los estoicos, escuela filosófica muy fuerte en los primeros siglos del cristianismo. Zenón, su fundador, apela a la «apatheia» (apatía) como el verdadero camino de la sabiduría. Es decir, el intento de dominar y suprimir todas las dimensiones emocionales del hombre.

En la Edad Media, la situación no se modifica mucho. Varios intelectuales cristianos piensan y enseñan la fe con códigos filosóficos semejantes a estos. Durante esa etapa histórica aparecen los monasterios, lugares en los que hombres y mujeres se apartan del mundo para recluirse en cuevas o espacios solitarios con el único propósito de llevar una vida de oración, penitencia y servicio a los más desvalidos.

Desde entonces, la gran mayoría de los líderes cristianos ignora o habla mal de la risa, la consideran casi demoníaca porque está ligada al placer, y al placer se lo vincula con el diablo.

Las expresiones de fe más valoradas por muchos religiosos se relacionan con la contemplación, la oración, el estudio, los sufrimientos (algunos autoinfligidos), la pobreza, el ayuno, el servicio a los pobres, los cantos espirituales y la vida en silencio. Entonces es de imaginar que expresiones de carácter más lúdico sean consideradas innecesarias o peligrosas.

El Cristo que se adora en ese tiempo tiene dos imágenes claras. Una es la del Todopoderoso que reina sobre el universo y alejado de lo terreno.

La otra, la del Cristo crucificado, que sufre, llora y ora a Dios por los pecadores.

Es Agustín de Hipona el teólogo que propone que lo más importante en la persona de Jesús no es su vida ni su mensaje, sino su muerte como sacrificio expiatorio por nuestros pecados.

El único gran detalle que falta es que con esta mirada parcializada, la vida, ejemplo, enseñanzas y obra de Jesús pasan a un segundo plano.

Con esa teología ni se le ocurre a nadie hablar de risa, alegría y humor.

En determinado momento, un hombre dice que la risa abunda en la «boca de los tontos» y le creemos. Pero ese señor, sin saberlo, está predicando a los filósofos estoicos. Hoy, esas declaraciones han quedado obsoletas.

Nuestros abuelos reformadores y sus énfasis

Durante el período de la Reforma Protestante del siglo XVI, junto con el Renacimiento, ese movimiento rescata la centralidad de la Palabra, algo que se había perdido durante algunos siglos. Dentro de los movimientos disidentes de la iglesia católica, la reforma magisterial se caracteriza por sentar las bases de un movimiento más institucionalizado.

Sus principales postulados se resumen en:

1. Solo fe
2. Solo gracia
3. Solo Escritura
4. Reforma siempre reformándose
5. Libertad cristiana

Pero en última instancia, el movimiento se centra en las mentes académicas de la época. Como dice un autor, la Reforma fue un movimiento de la elite intelectual de su tiempo, destinado a trastocar el mapa de Europa y transformarlo en una trinchera en la que se gesta una ecuación fatal: fe y poder político.

El movimiento protestante enfatiza la centralidad de la palabra de Dios como un evento primordial del culto. Sus principales actores son hijos de la época y en un momento histórico en el que la razón comienza a abrirse paso como el único filtro para conocer la verdad, los intentos de los reformadores y sus posteriores discípulos se enfocan en crear doctrinas «omnicomprensibles», usando el «sistema» (una idea inventada por los neoplatónicos) para sacar verdades inmutables de la Biblia. Este fenómeno genera una fuerte indiferencia hacia otros componentes del culto, como la alegría.

Y no es para criticarlos tampoco, porque en tiempos de los reformadores y hasta el siglo XIX no existe lo que hoy llamamos «ocio sano». Las óperas o ballets están limitados a la aristocracia. Para el pueblo común no hay muchos espacios de esparcimiento.

Entonces, para un hombre del siglo XVI o XVII, cuando se habla de diversión, lo único que le viene a la cabeza son esos antros de mala muerte infectados de prostitutas, licor, toda suerte de delitos, piratas y profesores de matemáticas. Definitivamente los códigos para manifestar la alegría son muy diferentes de los de hoy.

Israel en el tiempo de Jesús

Si el desprecio por la risa comienza por influencia griega y de ahí pasa a la iglesia del segundo siglo en adelante, ¿habrá sido diferente el paradigma en tiempos de Jesús?

Filón de Alejandría, uno de los grandes pensadores judíos del primer siglo (20 a.C. – 50 d.C.), enseña que la alegría del hombre constituye una participación de la alegría de Dios.

En los tiempos de Jesús vemos que la riqueza del salterio (Salmos) es vasta, son varios los salmos de carácter litúrgico que hablan de la alegría, de dar gritos de júbilo, del gozo, de batir palmas, de panderos y danzas. Jesús crece en medio de una cultura sumamente festiva.

Las fiestas en Israel tienen un sentido: dar gracias a Dios por la liberación que él ha efectuado a favor de su pueblo. Pero además están cargadas de esperanza. Así como Dios nos liberó en el pasado de las condiciones más deshumanizantes, lo volverá hacer en el futuro, hasta plantar de manera definitiva su Reino.

Se dice sobre la fiesta de las Enramadas o los Tabernáculos que es tanta la alegría de esa festividad que los judíos señalan: «Quien no ha participado de esta fiesta no conoce lo que es la felicidad».

En el Salmo 100:1 se estimula a los que peregrinan al templo con esta invitación: «Aclamen alegres al SEÑOR, habitantes de toda la tierra».

En el Salmo 42:4 descubrimos que el salmista posiblemente sea un sacerdote en el destierro, lejos de su pueblo y del templo. Entonces recuerda su oficio y esas imágenes le dan cordura en medio de la crisis que vive. Él recuerda el culto de esta manera: «Yo solía ir con la multitud, y la conducía a la casa de Dios. Entre voces de alegría y acciones de gracias hacíamos gran celebración».

La única y gran condición en las celebraciones de las fiestas de Israel es la alegría. Deuteronomio 16:11, 15 señala: «Y te alegrarás en presencia del SEÑOR tu Dios [...] Y tu alegría será completa».

En la Palestina del primer siglo se aprecia una cultura rica en festividades. Tan es así que parte de su tradición se refleja en el Salmo 126, en el que se confirma que experimentar la liberación de Dios en la vida personal, comunitaria, festiva, lúdica, intelectual, provoca tanta alegría que es imposible sustraerse a ese gozo. El Salmo habla de andar como los que sueñan, llenándose la boca de risa.

La alegría que desborda de las letras sagradas y de las festividades judías tiene un motivo: alegrarse porque Dios ha determinado librarnos de las condiciones más alienantes que puede sufrir un ser humano.

De hecho, el término hebreo «simjá», que se traduce al español como «alegría», en el original tiene el sentido de alguien que muestra los dientes con una carcajada. Los judíos tienen hasta hoy una linda fiesta llamada «Simjá Torah», que sería *La fiesta de la risa de Dios*.

La Biblia y nuestra deuda

Nos acercamos a un tema interesante, el encuentro entre la Biblia y el mundo. Me interesa esbozar algunas preguntas antes de continuar.

¿Cómo puedo compartir la Biblia en un mundo como el de hoy? ¿Qué métodos usar para ser más eficiente en la entrega del evangelio? ¿El joven de hoy se interesa por escuchar una predicación?

Tengo la convicción de que la iglesia debe ser más respetuosa de las Escrituras. ¿Saben por qué? Porque si se fijan, la Biblia nos llega como una maravillosa biblioteca que contiene muchos estilos literarios: poesía, música, historias, narraciones, cartas, relatos apocalípticos, genealogías, parábolas, letanías, retruécanos, ironías, hipérboles.

¿Pero cómo la hemos predicado por siglos? Con el modelo de la retórica aristotélica (Introducción - argumentación de tres puntos - conclusión). Usamos *un solo modelo* para predicar un maravilloso libro que está engarzado con riquísimas, variadas e incontables imágenes literarias.

En ese sentido, es una total falta de respeto tomar la Biblia y no considerar la variedad de estilos literarios que contiene. Una de nuestras tareas es atrevernos a compartir las verdades bíblicas desplegando todo el abanico de expresiones artísticas e intelectuales que nos resulte posible.

«Bendición de Toronto: ¿Existe una manifestación de risa santa?»

Llegamos al siglo XXI y el movimiento evangélico actual difícilmente se puede encapsular en un solo grupo.

En el nicho de las iglesias neopentecostales se ha dado un fenómeno muy interesante, la «risa santa».

Todo nace en 1994, en la iglesia de Airport-Vineyard de Toronto, Canadá.

Este fenómeno ha suscitado la curiosidad de gente cristiana y no cristiana. Se trata de manifestaciones espontáneas de «carcajadas» que pueden llevar a la persona a desmayarse o a caer al suelo. También algunas personas se manifiestan emitiendo sonidos de animales, por ejemplo, durante el culto algunas personas comienzan a imitar sonidos de perros, gatos, gallos, vacas.

Para muchos hermanos, esas manifestaciones son reales y provienen de Dios. Para otros, esas manifestaciones son provocadas solo por el deseo de algunas congregaciones que andan buscando experimentar algo «novedoso» y en esa búsqueda pueden caer en excesos peligrosos para el evangelio.

Lo que me parece curioso es que esas manifestaciones que incluyen el reír espontáneamente en un culto no son tan «novedosas» que digamos.

En el siglo XV, se tiene el registro en Baviera de un rito propio del culto del domingo de Pascua, el rito de la «risa de Pascua» o «risus paschalis».

El sacerdote incluye historias chistosas en su predicación, las que provocan risas. Las risas van en aumento hasta escucharse fuertes carcajadas continuas dentro del templo. Se dice que la risa de este rito tiene como propósito dar honor al Dios que venció la muerte y se ríe de ella.

Con el transcurso del tiempo, la *risus paschalis* se transforma en la manera de hacer una crítica a las autoridades eclesiásticas, hasta que el papa Clemente X, en el siglo XVII, censura el rito por considerarlo un abuso y un exceso peligroso para el evangelio.

Las risas en los cultos no son cosa nueva.

En el siglo XVIII, mientras en Inglaterra los hermanos Wesley evangelizan infatigablemente, en EEUU ocurre un gran despertar evangelístico y carismático en el que muchos predicadores conocidos, como Charles Finney, aseguran haber visto manifestaciones de risas espontáneas seguidas o acompañadas por desmayos y caídas de personas tocadas por Dios.

Posiblemente ese tipo de manifestaciones puedan ser vistas como excéntricas y poco ortodoxas por un sector de la iglesia evangélica, producto de tanto abuso en las diferentes congregaciones en las que el gozo sincero y la emotividad inspirada en Dios se han transformado en un emocionalismo sin ética. Es decir, que se viven experiencias carismáticas sin haber cambiado la conducta pecaminosa.

Por otro lado, me interesa mucho la esencia de estas manifestaciones. No puedo negar que llevan en su seno un mensaje interesante. El Espíritu desata alegría, porque ha vencido a los poderes que nos someten a la tristeza y el dolor.

Razón de sobra para soltar una buena risotada de alivio y alegría.

III PARTE
EL HUMOR DETRÁS DE LAS ESCRITURAS
LA BIBLIA Y LA ALEGRÍA

En la Biblia nos encontramos con susurros divinos fascinantes en cuanto a la alegría y la espiritualidad.

Los que deseen encontrar humor en la Palabra, podrán hallarlo, pero no del tipo del cuenta chistes. La Biblia no es una colección de chistes, pero sí contiene varios recursos literarios que se utilizan en el humor, como la ironía o la exageración de ideas.

La Biblia contiene imágenes risueñas, que cabrían dentro del humor literario y refinado; humor pensante, sofisticado, fino, que aporta una nueva mirada.

1. Dios y la alegría

- ## Salmo 104:26 - Dios y su mascota favorita:

Cuando leo este salmo, no puedo dejar de pensar como un niño. Me imagino a Dios tomando un hueso y lanzándoselo a leviatán mientras él mueve su cola como el dinosaurio de la película *Noche en el Museo*. Leviatán era un monstruo épico del folklore judío; algunos dicen que esa criatura mítica semejaba un cocodrilo de proporciones dantescas. El salmo es enfático: Dios, el creador y sustentador del universo se toma el tiempo para jugar con sus criaturas. ¿Un Dios lúdico? Extraña imagen para algunas de nuestras teologías sistemáticas.

- ## Proverbios 8:30, 31 - La sabiduría, fuente de alegría para Dios:

En esta imagen aparece «doña Sabiduría» recordando sus primeros días, cuando era bebé y constituía la alegría de Dios. Ella misma nos cuenta (obviamente se trata de poesía y no de algo literal) que siendo un bebé se alegraba y aplaudía las «gracias» de su Padre en la creación.

- ## Salmo 126 - La libertad es una noticia alegre:

Este salmo recoge algo esencial del culto en la sinagoga: la alegría. Esa alegría de sentirse liberado por Dios de toda suerte de injusticia y explotación. Cuando el pueblo de Israel cruzó el Mar Rojo, al sentirse libre, lo primero que hizo fue *celebrar*. El Salmo dice: «Nos parecía estar soñando. Nuestra boca se llenó de risas». No hay nada más gracioso que ver reír de buena gana a alguien. ¿Qué es lo que provoca esa alegría, según el salmo? ¿El alcohol o alguna sustancia prohibida? No, es la obra liberadora de Dios.

- ## Deuteronomio 16:14 - Dios es un Dios festivo:

La cuenca mediterránea se caracterizó por ser cuna de culturas sumamente festivas. En Israel se celebraban fiestas cuya columna vertebral era el éxodo (la liberación de Dios). Eran fiestas para la vista, pues la gente adornaba de forma especial las calles, muchos también acicalaban sus ropas y una vez al año salían de casa para vivir en enramadas. También se trataba de una celebración para el oído, pues había música y danzas, y poesía sobre las grandes gestas de Dios.

Era un festejo para el olfato, porque el aroma a incienso abundaba en las calles y el olorcito a carne asada estimulaba el paladar.

Era una fiesta para el gusto, porque había mucha carne a «la parrilla» (de los sacrificios de paz) para comer. Constituía una fiesta para el intelecto, porque los mejores maestros estaban a disposición para que los escucharan dar sus cátedras en el patio del templo. Era una fiesta con sentido de esperanza, pues cuando se volvía a casa, se regresaba con la convicción de que Dios volvía a mirar con buenos ojos a su pueblo.

Evangelio

El evangelio comprende ese evento que para nosotros los cristianos ha determinado un antes y un después en la historia humana. El evangelio es esa buena noticia, esa alegre noticia. Marcos resume toda la vida del Mesías en el evangelio de Jesús. La palabrita ya existía siglos antes de Jesús y viene de las noticias que daban los reyes al pueblo. Casi siempre se trataba de noticias acerca de algún nuevo heredero o de deudas perdonadas. Eran excelentes noticias que se caracterizaban por la alegría que producían. El Evangelio de Lucas nos coloca ante una fría noche, en algún recóndito espacio en una pequeña colina, al amparo de una fogata solitaria. De pronto el cielo resplandece con un megaconcierto más espectacular que el de *Hillsong*. Y en medio de la aparición, el mensaje es claro y potente. Ha nacido el Mesías.

Son buenas noticias las que vienen, de gran alegría para todos. Así comienza la más grande historia jamás contada, comienza con una invitación a la alegría y el gozo.

2. Relatos con gracia

También en la Biblia existen varios relatos que resultan interesantes desde la perspectiva humorística. Reitero, no quiere decir que la Biblia sea un compendio de chistes, sino que en ella hay imágenes particularmente exageradas o contradictorias, que bajo la lente de un lector agudo resultan simpáticas y a la vez reflexivas.

1. Abraham y Sara: Abuelitos empeñosos

La primera risa de la Biblia está registrada en el capítulo 17 de Génesis. Dios le promete un hijo a Abraham y él, postrado sobre su rostro en signo de adoración, se ríe. Por dentro se pregunta Abraham: ¿Cómo será posible que mi esposa de noventa años tenga un hijo? Posiblemente Abraham sonriera pensando en su esposa, una viejecita dando pecho y criando a su hijo, cuando a esa edad podría haber sido bisabuela. Luego reflexiona sobre sí mismo y se pregunta, riendo: ¿Cómo un viejito de cien años tendrá «fuerzas» para tener un hijo? Hace tiempo que ya dejé de tener «fuerzas».

Luego, el capítulo 18 de Génesis nos muestra otra historia bien graciosa. Abraham recibe a tres forasteros con atenciones especiales. En medio de la comida, uno de ellos le habla y es nada menos que Dios mismo. Pero lo increíble del diálogo es que Dios le promete a Abraham que tendrá un hijo de Sara. Abraham tiene cien años y Sara, noventa.

Sara, que se encuentra preparando la carne a la parrilla, escucha al forastero y se mata de la risa. El forastero le pregunta por qué se ríe. Sara niega haberlo hecho una y otra vez. Creo que Sara habrá pensado: «Pobre hombre, el sol le chamuscó el cerebro. ¿Acaso no puede ver a mi esposo? Mi pobre viejito ya ni siquiera tiene tentaciones... como mucho, tiene nostalgias».

Y la historia es graciosa, Sara ya ha entrado hace rato en la menopausia y Abraham, sin Viagra cerca, no tiene esperanza alguna. Dios hace reír a una viejecita y es tanta la alegría y el humor que hay de por medio, que cuando tiene a su hijo le pone por nombre «risa», que en hebreo es Isaac.

2. Isaac: El muchacho que da risa

Comencemos con el nombre de nuestro distinguido Isaac, que en hebreo significa risa.

Cuenta la historia del capítulo 22 de Génesis que este muchacho (el relato en su lengua original nos dice que ya no es niño sino un joven) sube el monte Moria con el fuego y la leña, su padre lleva el cuchillo y hasta el momento no cuentan con ningún animalito para el sacrificio.

Isaac pregunta: «Padre, llevamos el fuego, la leña, el cuchillo, ¿dónde está la bestia que vamos a sacrificar?»

No sé que les parece, pero este comentario a mí me despierta sospechas acerca de la viveza del muchacho. Primero porque, aunque no lo dice el relato, es bien conocido por los historiadores bíblicos que en ese tiempo era costumbre de los padres que venían del paganismo (recordemos que Abraham llegó de Babilonia) ofrecer en sacrificio un hijo a los dioses. De hecho, la Biblia menciona que algunos padres ofrecieron sus hijos al abominable dios amonita Moloc.

Si este muchacho ya era grande, debía saber cuáles eran las prácticas de sus vecinos, los cananeos.

Además, hay que tener sentido común. Creo que este joven siempre había visto a su padre llevar animales para el sacrificio. Esta vez era la excepción.

Isaac pregunta dónde está la bestia; no sabe que la bestia está más cerca de lo que se imagina (creo que sí Isaac era así de despierto ante la vida, con razón su padre tuvo que encargarse de conseguirle novia).

Ya conocemos el relato, Abraham escucha la voz de Dios y no mata a su hijo.

3. Peleas insólitas del Antiguo Testamento

¿Habrá algo más insólito y chistoso que ganar una batalla sin usar una sola arma, o con armas tales como instrumentos musicales?

Imaginen la escena: un gobierno le declara la guerra a otro, los aviones se disponen a bombardear la ciudad, los misiles vienen en camino con su carga mortal, los barcos en la costa apuntan con sus fatídicos proyectiles.

De pronto, los soldados se dirigen hacia la frontera del país. Pero, ¡un momento! En vez de soldados se trata de una orquesta musical. Es la filarmónica nacional. El director se sube al podio, batuta en mano. El ambiente se ve desesperanzador. Se hallan indefensos ante la más alta tecnología bélica. Salen al campo de batalla tocando la Novena Sinfonía de Beethoven y luego una de Marco Antonio Solís, como para amenizar.

Para sorpresa de todos, al comenzar los primeros acordes, el cielo se oscurece y una ráfaga que pasa a más de doscientos kilómetros por hora desvía los misiles.

De pronto, el corno da las primeras notas junto con el violonchelo y la tierra se abre debajo de los tanques y de las tropas terrestres enemigas. Cuando los violines comienzan a sonar al unísono, junto con las voces de más de doscientas personas del coro, el mar se agita tan violentamente que los barcos no tienen otra opción que retroceder.

Ganan la guerra.

La Biblia cuenta escenas graciosas y a la vez dramáticas, cuando el pueblo de Israel vence a sus enemigos de las maneras más jocosas.

4. Asuero, un rey que no reina

El libro de Ester comienza echándole un vistazo a la opulencia de Asuero. Habla de las riquezas de su gloria, el brillo y la magnificencia de su poder. Pero luego, a través del relato, nos vamos dando cuenta de que Asuero no gobierna en lo más mínimo. Es un rey que se deja gobernar, primero por las intrigas y maldad de Amán, y luego por la belleza y astucia de Ester. La historia está llena de ironías. Primero Mardoqueo se niega a inclinarse delante de Amán y en un breve lapso, el rey obliga a Amán a inclinarse delante de Mardoqueo.

Luego, Amán prepara una horca para Mardoqueo y no sabe que él mismo está cavando su propia tumba, pues es Amán y no Mardoqueo el que termina colgado en aquella horca.

5. Jonás: El antiprofeta

Jonás representa al antiprofeta, pues comienza haciendo todo lo contrario a lo que haría un enviado de Dios. El Señor lo envía a Nínive y él, en un acto de rebelión, parte en una dirección completamente contraria y hasta paga dinero por hacerlo.

En alta mar reconoce su falta y los marineros lo lanzan al agua. Aparece un pez que se lo traga. Pero este hombre es tan ácido y amargo que hasta el mismo monstruo marino termina vomitándolo a las orillas de Nínive.

Ya en la ciudad predica y hasta los animales hacen ayuno de arrepentimiento. Jonás espera en la última escena la destrucción total de sus enemigos asirios, pero Dios muestra su compasión. El relato termina con el profeta enojado como un niño pequeño, de esos que se tiran al suelo y hacen berrinches porque no lo dejan salirse con la suya.

Jonás es el único que desobedece, huye y se enoja con Dios. Todos los demás personajes, a pesar de ser paganos, son más sensibles a Dios que el mismo profeta, incluso el pez.

6. Aarón: «Si te vienen a contar cositas malas de mí, manda a todos a volar y diles que yo no fui»

Yo he conocido gente sin escrúpulos, pero a este Aarón se le va la mano.

Moisés, su hermano, lleva cuarenta días en el monte Sinaí y el pueblo le pide a Aarón que diseñe un becerrito para rendirle culto.

Comienza el quilombo y no faltan aquellos a los que se les va la mano... borracheras, orgías, sustancias ilícitas, música de Daddy Yankee.

Moisés desciende enfurecido y en su enojo hace pedazos las tablas de la ley.

Derrite el ídolo y va a ver a su hermano para pedirle explicaciones. ¿Cuál creen que es la respuesta de Aarón? «La gente me pidió que hiciera un becerro. Yo les dije: Bueno, traigan sus aros y joyas.

Cuando las eché al fuego, las derretí y luego ¡salió este becerro!»

¡No! ¡Anda a contarle ese cuento a tu abuela!... ¡Lo más seguro es que hasta el mismo Aarón estuviera de D.J. en la fiesta y ahora viniera con esa excusa!

Es como cuando una chica queda embarazada y el joven novio le dice a los padres de ella: «Y bueno, no sabemos cómo pasó... El Diablo nos hizo caer».

7. Animalitos del diluvio, mala pata

La historia es dramática. Toda la vida sobre la faz de la tierra ha sido exterminada. Los animales llevan más de cien días en ese bunker acuático. Finalmente salen a respirar aire fresco, después de tremenda hecatombe mundial, con la alegría de estar vivos para contar la experiencia. ¿Se imaginan? Animales que salen felices para enfrentar una nueva vida, pero justo en el segundo en el que piensan que lo peor ha pasado viene Noé y toma unos cuantos de aquellos animales «sobrevivientes» y los sacrifica sobre el altar.

8. Balaam y su asna, humanamente hablando

Hay un chiste que cuenta acerca de un campesino que va con su perro y una burra subiendo por un camino empinado. En un momento del camino, el burro no puede seguir subiendo con la pesada carga y el campesino, en un acto de indignación, azota al pobre animalito. La burra lo mira y le grita: «¡Hasta cuándo aguantaré tus abusos! Estoy aburrida de ser explotada: ¡renuncio!».

Del susto, el pobre hombre sale corriendo con su perro hasta llegar detrás de un árbol y muy sobresaltado se detiene a tomarse un respiro. El perro, también asustado, lo mira y le dice: «¡Qué susto más grande nos ha dado esta burra, amigo mío!».

Esta historia se parece a la de Balaam, que va con su asna a profetizar en contra de los Israelitas y la burra se niega. Entonces un ángel le da a esa asna la posibilidad de hablar. Lo cómico no es que la burra hable, sino que nuestro amigo comience a dialogar con el animal.

El relato nos muestra a un asno más sabio y obediente que el ser humano.

9. Elías, el señor de la ironía: Baal está en el baño.

Una de las herramientas más polémicas del humor es la ironía. Y la ironía es básicamente *decir algo expresando exactamente lo contrario*. Por ejemplo, cuando tu jefe, que llega al trabajo a las diez de la mañana, te encuentra revisando tu correo y te dice: «No trabajes tanto que te vas a estresar». Eso es ironía. Te dice que eres un holgazán pero usando conceptos contrarios.

El profeta desafía a novecientos cincuenta profetas paganos en el Monte Carmelo.

La consigna es la siguiente, el que logre que su dios envíe fuego desde el cielo, ese es el verdadero profeta.

Los profetas de Baal invocan a su dios, pero él no contesta. En un acto desesperado, se hieren la piel para que brote sangre con el propósito de estimular a la deidad cananea. Mientras tanto el profeta los arenga: «Griten más fuerte, quizás como es dios, está ocupado».

10. El profeta Isaías y Benjamín Button

Tengo un buen amigo que se llama Juan Stam, él es uno de los mejores teólogos que tenemos en América Latina. Tuve la oportunidad de ir a su casa y le comenté sobre este libro. Me dijo que estudiando Isaías se dio cuenta de algo humorístico acerca de Isaías 65, donde se avizora la nueva creación consumada. Al llegar a la extraña cita «El que muere a los cien años será considerado joven», él me decía que la única manera de entender al profeta es con humor.

Es como estar en un funeral y con tristeza decir: «¡Pobrecito! ¡Este pobre niño murió tan joven! Apenas tenía cien años».

Y le encontré toda la razón. Primero porque mi viejecito amigo tuvo como maestro a Karl Barth y a Hans Kung, y sabe lo que dice. Luego lo leí y sí, en verdad se entiende mejor desde una imagen hiperbólica, en la que el profeta echa mano a lo sumamente exagerado para hablarnos de las nuevas condiciones de vida y la longevidad en la consumación de los tiempos.

Recapitulemos

Lo digo otra vez, la Biblia no es un compendio de chistes; es un libro que muestra al hombre en toda la altura de sus logros, pero también en sus fracasos más vergonzosos.

La Biblia nos desnuda: está empapada de nuestros miedos, esperanzas, fracasos, triunfos, problemas familiares, intrigas, asesinatos, salvadas espectaculares, temores profundos, valentía incomparable, enfermedades incurables, resurrecciones, chismes, palabras sinceras, envidias, agradecimiento, amor incondicional, odio a muerte, amistad, guerras, fraternidad, individualismo, compasión e indiferencia.

La Biblia ha sido inspirada por Dios, por lo tanto habla de lo que Dios más ama: nosotros. Por eso, como trata acerca del ser humano y su existencia integral, no deja de lado algunas facetas que, obviamente, constituyen un material increíble para reírse, para reírnos de nosotros mismos, para reírnos con Dios.

3. El humor de Jesús

Existe un escrito antiguo, supuestamente atribuido a un procurador romano, Publius Léntulo, antecesor de Pilato, donde se describe quién era el rabino Jesús de Nazaret ante los ojos del emperador Octavio.

Aquí van algunas líneas de esta carta:

«*Es de estatura alta, mas sin exceso; gallardo; su rostro venerable inspira amor y temor a los que le miran; sus cabellos son de color de avellana madura y lasos, o sea lisos, casi hasta las orejas, pero desde éstas un poco rizados, de color de cera virgen y muy resplandecientes desde los hombros lisos y sueltos partidos en medio de la cabeza, según la costumbre de los nazarenos.*

La frente es llana y muy serena, sin la menor arruga en la cara, agraciada por un agradable sonrosado. En su nariz y boca no hay imperfección alguna.

Tiene la barba poblada, mas no larga, partida igualmente en medio, del mismo color que el cabello, sin vello alguno en lo demás del rostro.

Su aspecto es sencillo y grave; los ojos garzos, o sea blancos y azules claros.

Es terrible en el reprender, suave y amable en el amonestar, alegre con gravedad.

Jamás se le ha visto reír; pero llorar sí...».

No se entusiasmen, la carta que originalmente fue escrita en latín, se encuentra guardada en Madrid, y muchos expertos dicen que no es verdadera, que difícilmente corresponda al verdadero Léntulo. Es posible que sea del siglo XIII, escrita por cristianos bien creativos que deseaban tener algún registro más cercano del aspecto físico de Jesús.

Pero hay algo muy curioso en esta carta.

En la última parte, hablando de Jesús, dice: «Jamás se le ha visto reír, pero llorar sí».

¿De dónde aparece esta imagen de un Jesús que no ríe?

Si es cierto que esa carta pertenece a la Época Medieval, con el auge de la filosofía aristotélica no sería de extrañar que los escritores pensaran en un Jesús que no ríe.

Pero hay un hecho que no se puede discutir, y es que en ninguna parte de los evangelios aparece literalmente alguna frase como: «Y Jesús rió», aunque sí tenemos otras muy opuestas: «Jesús lloró» o «Jesús se les quedó mirando, enojado», o «Haciendo un látigo de cuerdas, echó a todos del templo».

¿Por qué los evangelistas no se interesaron en poner alguna simpática escena en la que Jesús haya reído? ¿Habrá sido premeditado o en verdad el Jesús histórico nunca rió? Si Jesús compartió su humanidad con nosotros en su condición humana, y lo más seguro es que riera y se alegrara, ¿por qué no hay registros explícitos de la risa de Jesús?

Quizás la respuesta la tenemos en la raíz hebrea de la palabra risa, «yitshaq».

En Génesis 26:8-9, el rey Abimelec, luego de recibir a un matrimonio forastero y ver la hermosura de esa muchacha llamada Rebeca, sorprende a Isaac acariciando a esa mujer de la que decía que era su «hermana» (aunque los judíos también a la esposa le solían decir hermana).

Abimelec se enoja mucho con Isaac, porque los creía hermanos y ahora resulta que son un matrimonio.

El texto dice literalmente que Abimelec sorprendió a Isaac «sonriendo» con Rebeca. En el hebreo es «tsahaq». El que Isaac sonriera con Rebeca, quería decir que estaban en pleno juego erótico sexual. No era cualquier tipo de caricia ni juego el que vio el rey.

Ya vimos en Génesis 18:12 que Sara se rió cuando Dios le dijo que tendría un hijo en su vejez. Ella le preguntó: ¿Tendré «deleite» siendo mi esposo tan viejo? Allí aparece el mismo término «vatitshaq».

La pobre viejecita tiene que reconocer que en su matrimonio con el centenario Abraham hay cariño, comprensión y dulzura, pero que el «deleite» falta desde hace bastante tiempo.

Vemos que la raíz de la palabra alegría también está relacionada con la sexualidad.

Es más, cuando la esposa de Potifar trató de seducir a José sin éxito, le dijo luego a su esposo que el joven trató de sobrepasarse o burlarse. La palabra usada nuevamente es «tsahaq», que se traduce como «burla», dando a entender que José intentó aprovecharse sexualmente de la mujer.

Podría ser, y me aventuro a decirlo, que la ausencia de registros explícitos en cuanto a la «risa» de Jesús en los evangelios, no se debiera a que el Señor en su humanidad nunca hubiese reído, sino más bien a una decisión singular de carácter semántico de los primeros cristianos de origen judío, producto de la raíz hebrea de la palabra «risa» y de evitar algunas posibles controversias.

Para evitar toda confusión en el imaginario semántico de los evangelistas se descartó la raíz de la palabra «risa» o «alegría» y todos sus derivados.

Aunque sí aparece en algunos momentos, explícitamente referido a la persona de Jesús, el término gozo.

Pero una cosa es que los evangelios no hablen de la risa de Jesús y otra cosa muy diferente es que Jesús nunca haya reído.

Actualmente son varios los biblistas que, respetando el texto bíblico, reconocen que en los evangelios, si bien no encontramos ninguna alusión literal a Jesús riéndose, contamos con varias imágenes de un Jesús alegre. Tenemos el testimonio tanto de sus enseñanzas como de registros de los que lo rodearon, acerca de que Jesús fue un maestro brillante que usó para enseñar recursos propios del humor.

Buscado: Jesús, «comilón y bebedor de vino, amigo de pecadores» Mateo 11:16-19

Abordar un tema tan particular como el humor o la alegría de Jesús es meternos en un tema casi ignorado por la cristología tradicional.

Recuerdo haber visto hace un tiempo un video de un cómico chileno de los años 70. La gente se descostillaba de risa, mientras que a mí, individuo del siglo XXI, muchos de sus chistes no me resultaban tan graciosos.

Pero entendí que entre ese humorista y su grabación de más de cuarenta años atrás existe mucha distancia, y por eso muchos de sus códigos no me resultan tan graciosos.

Entre el humorista y yo existe una distancia de cuarenta años.

Ahora piensen en Jesús. Jesús de Nazaret vivió hace dos mil años en una cultura muy diferente de la nuestra, con un idioma distinto, en otro contexto, en una época disímil.

Si nos resulta difícil hacer un esfuerzo para entender a un cómico de cincuenta años atrás, que habla sobre cosas que pasaron de moda, cuánto mayor esfuerzo tendremos que hacer para recuperar la vena «humorística» de un rabino que vivió en la Palestina del primer siglo, en una época precientífica, dentro de un contexto diametralmente diferente del nuestro.

Eso sí requiere trabajo.

Imaginen el impacto que habrá tenido Jesús sobre los discípulos de Juan el Bautista, que luego lo siguieron. Con Juan se habían acostumbrado al ayuno y a las largas caminatas por el desierto. Posiblemente algunos de ellos compartieran la dieta extravagante del bautista.

Me imagino esta escena: Jesús vuelve del desierto luego de un intenso ayuno de cuarenta días, sucio, delgado en extremo, con olor a bestias silvestres.

Sus discípulos se conmueven por la «espiritualidad» de su nuevo maestro. De pronto, el Galileo, luego de lavarse y comer algo, les dice: «Amigos, alisten sus cosas, nos vamos de viaje. Comienza la acción».

Por los pasillos se da una conversación inquieta y ansiosa entre esos jóvenes:

—¿A dónde iremos?

—Seguro que al Sinaí, a un retiro espiritual.

—No, yo creo que nos dirigiremos al desierto del Jordán y comenzaremos una comunidad de oración y ayuno.

—¿Están locos? Lo más probable es que vayamos a un congreso de avivamiento.

Jesús los ve discutir y les dice: «¿Por qué discuten tanto? Prepárense, porque hoy comienza el discipulado y no hay mejor lugar al que ir que al matrimonio de mi prima en Caná de Galilea».

Los discípulos no lo pueden creer. En silencio lo acompañan. La gente recibe a Jesús con alegría, porque él es un hombre que vive con intensidad la vida y eso se irradia a los demás.

Cerca de la noche, recorre la casa el rumor de que se ha acabado el vino. Jesús va al patio trasero a conversar con el organizador de la boda. Se ha acabado el vino, se ha acabado el dinero. Ni siquiera alcanza para comprar unas cervezas. Jesús llama a la calma; su mamá, en el medio, también opina. El Galileo hace llenar seis tinajas de agua y ante la vista perpleja de sus primeros discípulos, Jesús convierte más de seiscientos litros de agua en el mejor vino reserva.

Imagino la mirada de Jesús cruzándose con la de los pávidos jóvenes que lo siguen. Les guiña un ojo y los invita a unirse con los varones en la danza, todos abrazados, saltando y cantando, porque la fiesta de bodas (que es símbolo de la era mesiánica) recién comienza y el vino (que simboliza el gozo) ha sido renovado. La celebración puede continuar por varios días, como es costumbre en Galilea.

Imaginen la expresión de los pobres jóvenes que comienzan a seguir al Galileo.

¡No puede ser! Mientras el bautista era abstemio, a este otro le gusta la pachanga.

En Mateo 11:16-19 se registra una crítica que los líderes religiosos le hacen a Jesús, y hasta le ponen un sobrenombre: «glotón y borracho».

Jesús de manera muy graciosa, con esa agudeza que lo caracteriza, les dice: «Ustedes se parecen a los niños que comienzan a jugar en la plaza. ¡Les tocamos un tema de "Don Omar" y no se mueven ni se alegran, luego les tocamos uno de "José José" y no lloran! No hay cómo agradarlos. Porque a Juan, siendo austero en su manera de vestir y comer, ustedes lo criticaban de loco endemoniado. Pero ahora vengo yo, que soy lo opuesto a Juan y me critican diciendo que soy borracho y glotón».

Jesús es agudo al razonar que esa crítica no se basa necesariamente en su teología sino en su vida práctica. Los fariseos murmuran acerca de Jesús, que es «glotón y borracho». ¿Por qué? Porque es amigo de la buena mesa, y el invitado preferido de publicanos y pecadores.

Sería bueno entender que esta defensa de Jesús no es literal, Jesús no defiende la vida libertina. El Señor también ha pasado hambre y come lo que le sirvan. En síntesis, la crítica a Jesús es resultado de que los fariseos no soportan la idea de que él sea un ser humano normal y corriente.

En tiempos de Jesús, los pecadores eran toda esa masa de gente que no estaba al nivel religioso de los fariseos y doctores de la ley, familias desplazadas y discriminadas por el status quo del judaísmo.

Dentro del rubro de los pecadores había personas muy pobres, enfermos, gente que trabajaba en tareas como pastorear ovejas o realizar labores de campo, prostitutas, gentiles, samaritanos, esclavos y muchos otros ignorantes de la ley de Moisés.

En los tiempos de Jesús, ser invitado a comer era todo un privilegio, porque en el acto de recostarse sobre esa mesa y untar con la mano el pan en el mismo plato que el invitado se daba un mensaje claro: «Bienvenido. Al comer contigo estoy reconociendo tu valor como persona y te acepto como amigo y hermano».

Los fariseos no comían con cualquier persona. De hecho, en el Talmud hay registros de fariseos que hacían un llamado a no comer con «los perros», que eran para ellos todos los que no estudiaban la ley de Moisés. Los fariseos solo compartían entre ellos, en su círculo íntimo. Ni pensar en hacer negocios con los pecadores o emparentarse con ellos. Por eso tenían la costumbre de dar en matrimonio a sus hijos con jovencitas que descendían de otros fariseos.

Pero Jesús barrió con todos esos convencionalismos religiosos y se abrió de par en par a compartir con toda esa gente dejada de lado.

La acusación a Jesús iba por partida doble. Una, por su indiscriminado modo de vivir, compartiendo con pecadores. Otra, porque era amigo de la buena mesa, del buen asado y el Cabernet Sauvignon. Jesús fue acusado por mirar la vida desde la perspectiva de la alegría, la amistad y la solidaridad.

Ahora imaginemos un niño. ¿Qué tipo de personas le resultan atractivas a los niños? Definitivamente no son las personas con cara de Rottweiller que solo ladran y ladran. Ni aquellos hermanos ungidos con limón.

Ahora pienso en los evangelios, en los que se relata más de una vez que los niños se acercaban a Jesús, lo buscaban, le hacían porras, lo querían, le gritaban en la calle con admiración. ¿Sería porque él enseñaba con una simpleza y gracia que desde el teólogo hasta el niño o el analfabeto entendían y disfrutaban de su mensaje? ¿Sería porque Jesús enseñaba con tal alegría y gozo, que esa gente golpeada por el dolor de su condición de vida buscaba esperanza en esas «buenas noticias» del Galileo?

Por supuesto, también los niños buscaban a Jesús, porque para él, ellos no eran el futuro de la patria, sino el presente. Tanto así, que los tomó a ellos como modelo para enseñarnos sobre el reino de Dios.

En una sociedad patriarcal en la que los niños eran considerados a veces una molestia, Jesús los defiende y los presenta a su comunidad como dignos de admiración, como un ejemplo de vida.

Si tuviéramos más maestros como Jesús en nuestros programas para niños y jóvenes, quizás menos de ellos se irían de la iglesia para no volver más.

Mi mamá siempre decía esto: «Los niños y los borrachitos siempre dicen la verdad». ¿Qué habrá tenido Jesús para que los niños lo buscaran?

¿Cómo predicaría él para que incluso los que lo iban a apresar quedaran pasmados por su mensaje y dijeran: «Nunca hemos oído a alguien así»?

A Jesús lo acusaban de «borracho y glotón» porque la envidia que los fariseos sentían por ese hombre que se estaba ganando el corazón de la gente era grande. A Jesús se lo acusó por ser un hombre alegre.

Han pasado dos mil años y me pregunto. ¿De qué se acusa a los evangélicos hoy? ¿De ser personas alegres, personas no discriminatorias, de ser escandalosamente incluyentes? ¿De ser aquellos que viven la vida con intensidad y contagian al resto? Pensemos, ¿de qué nos acusan hoy?

«*Tú amas la justicia y odias la maldad; por eso Dios
te escogió a ti y no a tus compañeros, ¡tu Dios te
ungió con perfume de alegría!*»

Salmo 45:7

Tras las huellas del Jesús alegre

1. «Comienzo del evangelio de Jesucristo».
Marcos 1:4

En el libro de Marcos, el evangelista comienza con esta frase.
Ya comentamos que la palabra evangelio denota el sentido de un
mensaje bueno y alegre.

Arturo Bravo, teólogo católico, en su excelente libro sobre la
alegría de Jesús dice que una buena noticia se reconoce por la alegría
que provoca.

La alegría, como muchas cosas que emanan de lo más profundo
de la realidad del hombre, se encuentra en el umbral de la conciencia
del ser. Es esta una realidad no cuantificable, tal como lo es el amor;
ni una ni la otra son obligatorias.

Nadie puede obligar a otro a amar, así como nadie puede forzarnos
a estar alegres.

Cuando una noticia es buena, la persona se alegra. Cuando no lo
es, se entristece o se enoja.

El evangelio es una buena noticia porque trae alegría a los
hombres, una alegría espontánea y duradera.

Una noche, en el frío otoñal de un pueblito olvidado en el mapa del
mundo (un pueblito oprimido por un monstruo como Roma), situado a
la ladera del palacio *Herodión* en las colinas de Belén, poco más allá de la
puerta de una gruta de piedra, el Dios todopoderoso (tan poderoso que
podría haber hecho completamente lo contrario) se cubre de debilidad
y fragilidad y nace del vientre de una adolescente judía.

Se cumple así la profecía de Isaías: le llamarán «Emanuel», que significa «Dios con nosotros». A este Dios maravilloso que nos cuida y nos entiende no le basta con intervenir en la historia de su pueblo; ahora él mismo se mete en la historia para que el mal no tenga nunca la última palabra.

Esa sí que es una muy buena noticia.

2. Nacimiento de Jesús: Noticias de gran alegría. Lucas 1:28; 1:40-45; 2:10-15

Qué manera tan maravillosa de comenzar esta historia.

El ángel se le aparece a un grupo de personas pobres, pastores que guardan las vigilias de la noche con sus rebaños. En esa fría noche, el ángel anuncia el nacimiento de Jesús.

Las palabras del ángel son: «No tengan miedo. Miren que les traigo buenas noticias que serán motivo de mucha alegría».

Si hay una emoción que paraliza al hombre posmoderno es el miedo.

El miedo paraliza, enferma y mata.

En mi precioso país, Chile, casi la mitad de la población recurre a profesionales de la salud mental debido a diagnósticos de ansiedad crónica, angustia, depresión. El miedo está presente en todas esas patologías, encerrando, oprimiendo y estrangulando la vida.

El ángel comienza haciendo una invitación. No tengan miedo.

En la Biblia aparece esta frase más de 365 veces porque Dios sabe que el temor es un enemigo que nos espera a la vuelta de la esquina.

No tengas miedo, dice el ángel a la quinceañera María de Nazaret, jovencita que quedaría embarazada de un niño sin intervención de hombre alguno.

Luego los ángeles aparecen frente a los pastores y vuelven a decirles: «No tengan miedo», porque les daré una gran noticia, y les dará mucha alegría escucharla.

Para combatir el miedo y la inseguridad en la vida, nada más contundente que la alegría, esa que nace de la seguridad de saber que no estamos solos en este mundo, que a pesar de ser golpeados por las más terribles desgracias, ser azotados por las más terribles olas, Dios está con nosotros, él va de copiloto en la carretera de nuestra vida.

«No temamos, estemos alegres porque no estamos solos».

3. Las Bienaventuranzas: ¡Felices son ustedes! Mateo 5:1-12

En el griego, la palabra «makarios» identifica una emoción de alegría y sumo gozo. Es como decir: ¡Ustedes son muy felices!

Jesús comienza el más grande de todos los sermones predicados haciendo uso de esas palabras. Él sabe que su país no atraviesa por un buen momento. Él es consciente de que los romanos están ahogando con impuestos a su pueblo y dejan cada día a más familias sin sus tierras. Eso está provocando que muchos hijos de campesinos, hastiados de ver a sus padres morir, desangrados sus bienes en manos de extranjeros, se vuelvan zelotes y se instalen en las afueras, junto a los caminos para robar lo que ellos piensan que les pertenece.

Jesús sabe que los vientos de revolución se sienten en el ambiente, que la gente está acumulando una medida de odio insoportable hacia los romanos.

Jesús sabe que el grupo religioso que podría dar un mensaje de reconciliación y amor, por su cercanía con el pueblo, es el de los fariseos. Pero ellos se han transformado en un grupo fundamentalista que promueve la discriminación, el odio y el rechazo.

En nombre de un Dios de venganza y de juicio, un Dios intransigente que deja fuera de su Reino a la mayoría de las personas que no cumplen la ley de Moisés al pie de la letra, este grupo religioso infunde un terrible miedo y mina la fe de las personas que ya tienen motivos suficientes para temer, dudar, odiar y enloquecer.

Jesús ve a su pueblo craquelado, con fisuras hasta en las últimas raíces de su identidad.

La gente quiere escuchar un mensaje esperanzador, porque es lo único que puede darle fuerzas en medio de aquella crisis tremenda.

Y ahí está Jesús, mirando a la multitud.

Desde el monte, él deja a todos venir, tanto a sus discípulos como a la multitud que lo sigue.

En el Sinaí, Moisés estableció límites para que nadie se acercara a Dios, excepto él. Ahora Jesús no pone límites ni vallas. Dios está disponible para todos.

Comienza su mensaje con esta invitación: «Dichosos son ustedes...»

Las bienaventuranzas no son una invitación a una alegría en el otro mundo. Son una invitación a ser felices ahora.

Tampoco constituyen una clave para la felicidad individual. Todo el sermón del monte está escrito para una comunidad. La verdadera felicidad no está necesariamente en alcanzar la paz individual, sino en vivir una realidad de bienestar y solidaridad comunitaria. Para eso es la iglesia, ¿no?

4. Lucas, el evangelio del gozo

Lucas es uno de los evangelistas que más le gusta hablar sobre el gozo. Son varios los textos en los que se describe el gozo, solo seleccionaré los más típicos.

Lucas 2:10. Los ángeles anuncian el nacimiento de Jesús en medio de una gran alegría.

Lucas 10:21, 22. El Maestro se llena de gozo al ver que setenta y dos de los discípulos realizan la obra del Espíritu: liberar de la opresión demoníaca a las personas.

Lucas 15. Aquí tenemos varias alusiones al gozo.

Lucas 15 comprende una sola parábola dividida en tres historias. Esa parábola no es una historia linda y anecdótica de Jesús. Esa parábola constituye una «artillería pesada» en contra de las críticas que le hacen los fariseos a causa de que él se junta con recaudadores de impuestos y pecadores.

La ironía de Jesús llega a su nivel más alto cuando comienza la parábola con la historia de la oveja perdida. Empieza con una pregunta que va más o menos así: «¿Quién de ustedes siendo pastor de ovejas...?». Decirles eso a los fariseos constituye un insulto muy grande porque ninguno de ellos es realmente pastor de ovejas. En tiempos de Jesús ser pastor de ovejas es una de las pocas tareas menospreciadas por la clase alta y religiosa. A los pastores de ovejas se los considera ignorantes y gente pecadora, porque por el tipo de trabajo que desempeñan difícilmente tienen cuidado de cumplir con todos los baños rituales de purificación, propios del judaísmo.

Es como si Jesús comenzara su predicación frente a un grupo de respetados pastores diciendo así: «¿Quién de ustedes siendo cartonero si se le pierde un cartón no va en búsqueda de lo que se le perdió?».

Jesús golpea por primera vez la mesa frente a la religiosidad discriminatoria de los fariseos.

La historia termina con el gozo del pastor que encuentra a su oveja. Jesús relaciona a ese pastor ignorado y despreciado con Dios.

La segunda historia no es menos escandalosa, pues compara a Dios con una mujer posiblemente pobre a la que se le pierde una de las diez monedas que tiene. Esa mujer da vuelta a toda la casa y al encontrar la moneda se goza y celebra con sus vecinas el gran acontecimiento.

¿Comparar a Dios con una mujer? ¿Saben lo que significa eso en una cultura en la que un judío devoto ora siempre así: «Dios, te doy gracias porque no nací esclavo, no nací gentil ni nací mujer»?

La última historia es la más conocida. El padre ve a su hijo volver y siente que se remueven sus entrañas de amor por él. Va a su encuentro y se lo come a besos.

Luego ordena que se mate el becerro que está guardado para ocasiones especiales y organiza una *fiesta* por el hijo «perdido».

Las tres historias tienen algo en común, la alegría y el gozo de encontrar lo que se consideraba perdido.

Esta parábola, reitero, es una crítica aguda de Jesús a la estructura religiosa de los fariseos que se habían apartado del verdadero corazón de Dios. Ese corazón tan misericordioso que, como el padre de la historia, siente amor por el hijo perdido. Ese es el amor que Dios siente por todos aquellos que nosotros consideramos «perdidos».

Lucas 24:52. Así como el evangelio comienza con gozo, no puede terminar de otra manera sino con gozo. Los discípulos, luego de ver resucitar a Jesús, venciendo los poderes de la muerte, vuelven a Jerusalén a la espera de la promesa del Espíritu Santo.

5. Las parábolas de Jesús

Jesús, en su rol de maestro tuvo un agudo sentido del humor. Lo digo con convicción profunda.

Luego de varios años de leer y enseñar la Biblia con una visión intencionalmente alegre, me doy cuenta del peculiar método que Jesús usaba para transmitir verdades profundas.

Jesús era un maestro de la ironía.

Piensen por un instante en una tira cómica y díganme si usar algunas de estas imágenes que el Maestro propone en sus enseñanzas no sería buen material.

«Pasar un camello por el ojo de una aguja»

«Guías ciegos que guían a otro ciego»

«Cuelan el mosquito, pero se tragan al camello»

«Nadie prende una lámpara y la pone debajo de un mueble»

«Falsos profetas, lobos que se visten de ovejas»

«¿Por qué miras la paja que está en el ojo de tu hermano, y no ves el tronco que está en tu propio ojo?»

«Limpian el vaso por fuera, pero por dentro sigue asqueroso»

«¿Qué salieron a ver al desierto, a un hombre vestido con ropa fina?»

Un Jesús humano

Definitivamente, las enseñanzas de Jesús pueden parecernos a veces muy alejadas de nuestra realidad. Porque las leemos con los lentes de varios teólogos que por sus tabúes nos ocultaron a ese Jesús tan simple y entretenido.

No me niego a pensar que el rabí Jesús de Nazaret tuviera una genialidad y simpleza única a la hora de enseñar. Él usó mucho la ironía en sus imágenes pedagógicas. También utilizó la hipérbole y el contraste de imágenes.

Tomó como elementos para sus enseñanzas el mundo que lo rodeaba. Para el maestro de Nazaret todo hablaba, las flores del campo, las estaciones y los niños jugando en las plazas. Todo se convertía en material para sus parábolas e ilustraciones.

Y aún quedan varias enseñanzas en el tintero.

Jesús compartió nuestra naturaleza, aunque sin pecado. Y en esa condición de hombre, también se alegró. Es más, creo que él era el más alegre de sus amigos. Él redimió la alegría para Dios.

El problema para muchos de nosotros es que nos cuesta demasiado asimilar a un Jesús con buen sentido del humor. ¿Por qué? Porque de alguna manera creemos que esa imagen de Jesús, con buen humor, opaca su divinidad.

Pero atención, la primera herejía que combatió la iglesia y algunos apóstoles no fue concerniente a la divinidad de Jesús.

En el siglo I, la herejía que de manera insipiente afloraba en las iglesias del Asia Menor era el «docetismo», que viene del griego «dokéo» y significa «aparentar».

Esa herejía enseñaba que Jesús no pudo haber sido hombre.

Por eso no basta decir «Jesús es Dios». Esa frase solo cobra sentido cuando entendemos esta otra: «Dios es Jesús».

Como hombre, Jesús compartió con el ser humano todas sus necesidades y sus carencias, sus alegrías y sus tristezas. Su fortaleza y también su fragilidad.

Era él, con sus manos traspasadas.

Este es nuestro amado y alegre Jesús, el Dios que ilumina lo humano y el humano que ilumina lo divino.

IV PARTE
HUMOR Y PODER CREATIVO
EL DIOS DETRÁS DEL ARTISTA

¿Los buenos demonios de Grecia?

Hace un tiempo un amigo me mostró una conferencia sobre el arte y cómo se lo ha percibido en diferentes momentos de la historia. Me gustó mucho el video.

Luego investigué, para confirmar, algunas de las cosas que noté en esa conferencia y que me parecieron interesantes. En esta sección del libro se las quiero compartir.

En la antigua Grecia, los artistas pensaban que había seres espirituales que eran fuente de inspiración y de creación artística. A estos seres les llamaban «demonios». Y, no se asusten por favor, no hablo del demonio propio de la cultura hebrea, el que sale en la Biblia. No, aunque les parezca extraño, la palabra demonio en otras culturas, como en Grecia, no tenía una vinculación directamente malvada.

Los «demonios» de la antigua Grecia eran en su mayoría protectores de la naturaleza, como los faunos o las ninfas. Además, ayudaban e inspiraban a los artistas en sus obras.

Fue en el siglo segundo antes de Cristo, cuando se tradujo la Biblia hebrea al griego en la versión conocida como La Septuaginta, que se decidió insertar la palabra «demonio» diez veces en el Antiguo Testamento (y diecinueve en la versión católica).

En esencia, el término «demonio» se acuñó para traducir varias palabras de la Biblia hebrea que hacen referencia a ídolos paganos o a fuerzas sobrenaturales que habitan en la noche y anuncian desgracias. Por eso, ya en el Nuevo Testamento la imagen del «demonio» tiene toda una carga negativa y se la relaciona con fuerzas hostiles que buscan el mal y la esclavitud de los seres humanos.

Sin embargo, en la cultura griega antigua esos «demonios» eran los encargados de dar sabiduría al ser humano. Platón decía que Sócrates tenía un demonio que vivía en las paredes de su casa.

En Roma, a esos seres que ayudaban a los artistas se los llamaba «genios». Eran considerados espíritus inferiores benéficos que acompañaban al hombre desde su nacimiento hasta su muerte.

La labor de esos seres era inspirar al artista en su obra. Si el genio era bueno, la obra era buena; si el genio era mediocre, la obra no sería reconocida.

Pero llegó el Renacimiento, y por primera vez se llamó «genio» a algún hombre que sobresaliera en algún arte.

De pronto ese mundo plagado de espíritus se cierra, y todo lo bueno y lo malo se vuelve exclusiva responsabilidad del hombre. Desde ese momento en adelante ya no decimos: El artista tiene un «genio», sino «el artista es un genio».

Nuestro éxito en el arte y en otras disciplinas ya no es algo que proviene de una remota realidad espiritual que le da al artista la capacidad de inspirarse en las ideas que bullen como un volcán desde algún ser más allá de su propia conciencia.

Desde ahora, los artistas tendrán que luchar contra sus propios fracasos o aprender a llevar el éxito repentino. Porque son ellos y nada más que ellos los motores que impulsan su propia esencia creativa.

La lista de artistas sobresalientes incluye a muchos. Pero lamentablemente, la lista de los autodestructivos también es extensa. Edgar Allan Poe, Dostoievski, Van Gogh, Rimbaud, Nietzsche, Jim Morrison, Violeta Parra, entre otros.

Quizás le hemos dado al artista una responsabilidad que lo sobrepasa.

Quién sabe si los antiguos no tenían razón y esa capacidad artística no solo es cuestión de la experticia de un ser humano. Quién sabe si no existen realidades que nos sobrepasan, que susurran, que invitan, que ayudan al ser humano a conectarse con lo más fecundo de su ser y sacar a la luz manifestaciones maravillosas con una claridad tan profunda que reconocemos a un ser extraordinario detrás de esa obra.

«Olé, olé, olé», ahí está Dios

Otra cosa que me llamó la atención en esa charla que presencié, fue el origen de la palabra «olé».

Todo comenzó en África. Cuando una bailarina o un artista hacía algo impresionante, la gente comenzaba a gritar «Alá, Alá, Alá», que en árabe quiere decir «Dios, Dios, Dios». Lo que veían al contemplar a ese artista era a Dios.

Luego los musulmanes llegaron a España y con las derivaciones del lenguaje, el «Alá» se convirtió en «olé». El mensaje es impresionante. Cada vez que un artista logra «tocar» esa esfera, ese umbral con lo que ya no es humano (como cuando veo a Messi sacarse de encima a dos o tres y hacer un gol), según lo que los antiguos pensaban, ahí está Dios.

Algo que resulta sano también para el artista, pues si nunca más alcanza esa altura de gracia y técnica, puede estar tranquilo sabiendo que su maravillosa participación solo tuvo que ver con un don prestado y que tarde o temprano le tocará a otra persona.

Por eso, quizás el gran error que cometimos en el Renacimiento fue montar sobre nosotros, los hombres, todo los elogios por los triunfos públicos y cargar con toda la responsabilidad de los fracasos. Vivir con eso resulta sumamente difícil.

¿Habrá algo parecido en la Biblia? ¿Que Dios les dé un don artístico a los hombres?

Pues claro que sí.

La creatividad es un *don* del Espíritu

Antes de que el viejo rabino de Tarso nos enseñara acerca de los dones espirituales, el Antiguo Testamento ya hablaba de algunos hombres que habían sido llenos de la presencia del Espíritu para realizar ciertas labores artísticas. Sí, como lo oyen. Los primeros artistas que aparecieron en el pueblo de Israel fueron elegidos por Dios para la construcción del tabernáculo. Y además para instruir a nuevos artistas.

Del capítulo 31 al 39 de Éxodo tenemos mucho material revelador como para entender el propósito del arte.

El primer capítulo de esta historia se refiere al nombramiento de los artistas. Éxodo 31:1-11. Bezalel de la tribu de Judá y Aholiab de la tribu de Dan fueron escogidos por Dios para construir su tabernáculo. Dios los llenó de sabiduría, inteligencia y conocimiento de todo arte.

Hoy vemos artistas especializados en ciertas disciplinas. Pero la historia nos recuerda otros que incursionaron por distintas disciplinas, mentes brillantes, adelantadas a su época, como la de Da Vinci, que fue constructor, arquitecto, pintor, dibujante, amante de la anatomía humana, diseñador de avanzadas armas de guerra y medios de transporte que harían al hombre volar.

Bezalel y Aholiab eran artistas integrales, expertos en el manejo del metal, la madera, la arquitectura, la ingeniería, la decoración de interiores, el trabajo en telas, las especias aromáticas, la perfumería, la joyería, la escultura.

Como vemos, el arte tenía un espacio valioso en el corazón del pueblo de Israel, pues el tabernáculo se hallaba en medio de las tribus.

¿Cuál es el propósito del arte?

Resulta interesante que Bezalel y Aholiab provinieran de dos tribus diferentes. Uno de la tribu de Judá y el otro de la tribu de Dan. Haciendo un juego con la etimología de los nombres, Judá significa «alabanza» y Dan, «juicio».

¿Para qué servía el tabernáculo? Cumplía dos funciones: era el centro de alabanza y adoración del pueblo y además era el centro desde el que se dispensaba el juicio de Dios, es decir, su voluntad como Rey sobre su pueblo.

¿Para qué sirve el arte cristiano? Pues para lo mismo, para mostrar a Dios, rindiendo adoración y reconocimiento al Creador a través del arte y manifestando sus juicios y su voluntad para la sociedad.

Pero el arte también puede ser usado para desviar la atención del hombre hacia una orientación idolátrica. Luego de establecer a estos dos artistas, el capítulo 32 nos cuenta una dramática historia. El pueblo le pidió a otro artista, Aarón, que construyera un becerro de oro.

Aarón recolectó joyas en medio del pueblo, de entre las que habían recogido como botín en Egipto, y con esas alhajas de oro construyó otra obra de arte, un becerro de oro.

Tanto Dios como Moisés se enojaron con la gente. Ese fue un día negro para el pueblo. Moisés intercedió a favor de ellos delante de Dios. Dios los perdonó. Cuando Moisés bajó del Sinaí, Josué escuchó el griterío abajo y pensó que se trataba de gritos de guerra, pero Moisés, que conocía bien los cánticos que se entonaban en las fiestas egipcias, sabía que eran cantos al dios becerro. El hombre de Dios se encontró con una escena horrible, con el pueblo danzando y llevando a cabo actos vergonzosos. El versículo 6 dice que el pueblo se levantó a «regocijarse». En hebreo esa expresión conlleva la idea de actos sexuales.

Moisés estrella contra el suelo las tablas de la ley y en un acto de limpieza radical, tres mil personas mueren como pago a su idolatría.

El famoso «becerro» de oro es una mezcla de deidades egipcias y cananeas. Entre ellas estaba la diosa «Hator», que tenía forma de vaca, patrona de las fiestas, la música, el vino y el desenfreno. Un texto antiguo egipcio dice de ella:

«Eres la Señora de la alegría, la reina de la danza, la maestra de la música, la reina de la tañedora del arpa, la dama de la danza coral, la reina de la tejedora de guirnaldas, señora de la borrachera sin fin».

También estaba el dios «Apis», simbolizado por un toro, que para los egipcios era el dios de las actividades económicas.

Además, se encontraba «Baal», dios cananeo representado muchas veces como un becerro. A Baal se lo consideraba el dios del trueno y la lluvia, que hacía revivir la tierra luego de las estaciones secas. Baal era considerado el dios de la fertilidad, el que aseguraba tierras fecundas para la agricultura o el cuidado del ganado.

Tanto Hator como Apis llevaban en sus cuernos el sol, así que no es de extrañar que los Israelitas hayan comenzando la fiesta al amanecer, a la salida del sol.

Las fiestas de Baal eran celebradas con orgías, porque pretendían estimular al dios a que se juntara con la diosa «Astarté» y comenzara el ciclo de lluvias necesario para la supervivencia de las comunidades.

Fertilidad, desenfreno y poder económico, todo en un solo becerro.

El pueblo de Israel había salido de Egipto, pero Egipto no había salido del corazón de Israel.

El capítulo 32 nos muestra que el arte también puede desviarse de su propósito original. Esa mañana fatídica, la escultura, el trabajo con metales, la danza, la música, no estaban cumpliendo su propósito de adorar a Dios y manifestar su voluntad.

Pero la historia no termina en una desgracia.

Tras la muerte de tres mil israelitas, el pueblo entiende su pecado y se arrepiente.

En el capítulo 34:11-16, Dios advierte acerca del peligro de vincularse indiscriminadamente con los valores idolátricos de los pueblos cananeos.

Luego, Éxodo 34:17 es expresamente claro: «No te hagas ídolos de metal fundido».

Del capítulo 35 al 39 se describe el proceso llevado a cabo para construir el tabernáculo de acuerdo con el diseño de Dios. Bezalel y Aholiab, que con seguridad aprendieron su arte en Egipto, tuvieron el discernimiento de usar ese arte aprendido en tierra pagana y redimirlo para Dios según el diseño de la alabanza y la manifestación de su voluntad.

Concluimos que para el israelita el arte provenía de Dios, así que en esa convicción no se alejaba de otros pueblos antiguos.

Lo que para los griegos o romanos era de origen espiritual, algo que se originaba en esos seres que acompañan al hombre y dan sabiduría, para los hebreos era Dios mismo llenando de su Espíritu al artista.

Pero el hebreo nos pone una alerta: esa inspiración divina tiene el propósito de llevar el arte a un reconocimiento de Dios. De su justicia, que no tiene que ver con una cuestión abstracta, sino que se concreta en una sociedad más humana y justa. Por el contrario, el arte centrado en los antivalores paganos termina siendo idolatría porque encierra al hombre dentro de él mismo, volviéndolo un ser más egoísta y deshumanizado.

El Génesis y su clave creativa

Génesis 1 es un texto que aparece en un formato de poesía o canto. No se trata de un texto científico que intente descubrir el cómo y el cuándo, sino de un texto profundamente espiritual que responde al «por qué».

En Génesis 1, la imagen de Dios es la de un gran artista que compone su obra maestra. Luego de terminar cada día, Dios define su trabajo como «bueno». Lo interesante es que este «bueno» no evalúa tanto una cuestión ética como una estética.

Es como si Dios dijera, a medida que va terminando su obra: «¡Me está quedando súper buena!».

Crea a Adán y Eva, con su capacidad reproductiva, y al finalizar termina diciendo: «Me quedó más que bueno, ¡me salió espectacular!».

Sería importante que a estas alturas del libro, antes de entrar al área práctica, nos tomáramos un segundo para captar todo el cuadro con los ojos de la imaginación. Dios despliega su gran lienzo y comienza a pintar el universo. Como gran pintor y escultor, ve que su obra va quedando tal como la planificó y se goza en ella. Este capítulo del Génesis nos muestra el gozo del artista celestial. Ese mismo gozo y despliegue artístico que vimos en Bezalel y Aholiab.

Los génesis que aportan las culturas cananeas son bastante diferentes. Por ejemplo, el relato babilónico *Enuma Elis* cuenta la historia de la creación del hombre en estos términos, más o menos:

Los dioses inferiores hacen huelga en el cielo, y Marduk, el dios superior, al ver esa crisis económica en el cielo, tiene la idea de crear al hombre para que sea esclavo de los dioses. Mata a Tianmat, la diosa madre, y de su cuerpo cercenado crea el cielo y la tierra. El conspirador de la rebelión, el dios Kingsu, también es asesinado, y de su sangre, de la sangre de ese dios inferior, Marduk crea al ser humano, para que sea esclavo de los dioses hambrientos y les sirva sacrificios.

Nada que ver con el Génesis bíblico, en el que los seres humanos no son creados como producto de un acto de violencia sino de un acto creativo y alegre.

Dios es el Creador, pues él crea de la nada, de lo no existente y lo trae a existencia, mientras nosotros somos «artistas» o «artífices» que utilizamos lo ya existente y le damos un significado especial.

Dios es el primer creativo, y nos ha dado la capacidad de crear.

Cuando Dios le dijo al hombre que le pusiera nombre a todas las bestias de la tierra, estaba invitándolo a que, en un acto de autoridad, creara su propia realidad. El primer esbozo de lo que significa «cultura» aparece en el acto del hombre de «codificar» la realidad que lo rodeaba poniéndole nombre, clasificándola, identificándola, dándole sentido.

La historia del Génesis nos dice que le encomendó esa tarea a Adán, es decir, a la raza humana.

¿A dónde quiero llegar? Pues bien, no todos somos artistas en el sentido estricto de la palabra, pero a todos se nos ha conferido la responsabilidad de ser creadores y artífices de nuestra vida y nuestro entorno, convirtiéndolo en una maravillosa obra de arte.

V PARTE
CREATIVIDAD HUMORÍSTICA
POTENCIAR LO CREATIVO QUE LLEVAMOS DENTRO

«Si la risa abunda en la boca de los tontos,
yo deseo ser un imbécil».
El autor

Trabajar una creatividad de la alegría

Hasta aquí hemos venido haciendo un viaje desde un panorama de la historia, la teología y algo de la filosofía para encontrar el por qué de esa visión prejuiciosa acerca del humor y la alegría que encontramos en gran parte de la espiritualidad cristiana.

Nos hemos dado cuenta de que esa visión de menosprecio del humor más que provenir de la Biblia surge a partir de la filosofía griega.

Nos hemos dado cuenta de que Jesús en su humanidad fue una persona que vivió la alegría con intensidad, la alegría de saber que él mismo era fuente de alegría para el mundo.

Luego consideramos la visión antigua del «artista» y sus fuentes de inspiración. Dios toma al artista y le da de su Espíritu para hacerlo un vocero suyo en el mundo.

Pero llegamos a esta sección del libro y de aquí hasta terminarlo por completo abordaremos la parte práctica.

En adelante abandonaremos el hemisferio de la teoría para abrirnos a la práctica.

Quiero compartirles mis años de experiencia en esto del humor y también el tiempo valioso que compartí con gente extraordinaria que me enseñó cosas invaluables sobre la predicación dirigida a los jóvenes.

Como un tesoro de alquimistas, quiero revelarte secretos (y cosas no tan secretas) que pueden transformar tu ministerio en una siempre novedosa experiencia de vida y alegría.

Si estás aburrido de la manera en que se ha desarrollado tu ministerio hasta ahora, si estás frustrado por que cada vez que te paras delante de los jóvenes no pasa nada, sería bueno que a partir de aquí comenzaras a cambiar el discurso pesimista que tienes con respecto a ti mismo. Tú eres valioso y estás en el ministerio porque amas lo que haces.

No le sigas repitiendo a tu subconsciente que no eres la persona adecuada para esa labor. Porque el subconsciente no sabe diferenciar las palabras que uno dice en serio de las que no lo son tanto, y él se encargará de recordarte toda la vida aquello que le predicaste cuando estabas frustrado.

Nadie nace sabiendo, todo arte se aprende y se perfecciona conforme pasan los años.

Debes atreverte a intentar aquello que te avergüenza o consideras imposible, pues es mejor equivocarse intentando, que esperar toda una vida sentado en la tribuna de los indecisos.

Hagamos un trato. Así como tú decidiste comprar este libro, yo determiné escribirlo para ti porque sé lo difícil que es hacer lo que tú haces, sobre todo si tiene que ver con pararse frente a esos muchachitos y enseñarles.

O estar de pie en un escenario porque sabes que Dios te dio la chispa del humor, pero quieres darle peso a tu talento.

Los jóvenes no son como los adultos, que ya han aprendido a «dormir con los ojos abiertos». Si ellos no están interesados en lo que tú les enseñas, te lo harán saber.

Entonces, si te sientes identificado conmigo, antes de comenzar con esta parte del libro, hagamos esta oración:

> *«Señor, agradezco el don de la vida. Agradezco mi pasado y lo acepto con gratitud. Si he sufrido más de lo normal, te doy gracias porque cuanto más sufro, más aprendo.*
>
> *Te doy gracias por mi presente, porque mientras haya aire en mis pulmones, habrá esperanza de ver tus milagros.*
>
> *Te agradezco por ese futuro incierto, porque nunca he estado ahí, pero tú sí.*
>
> *En este día tomo la decisión de hacerme responsable de mi vida y darle un rumbo inesperado.*
>
> *Tomo la decisión de vivir para servir y bendecir a los demás.*
>
> *Tomo la determinación de perdonar y amar a los que decidieron ser mis enemigos.*
>
> *Escojo nunca dejar de aprender.*

Me determino a encender esa llama que ya estaba a punto de extinguirse.

Los caminos hacia el éxito son muchos, pero uno solo me conducirá al fracaso: conformarme con mis errores.

Por eso tomo mis errores y en este día elijo cambiar, y así paso a paso, día a día, te pido, Señor, que me transformes en la mejor versión de mí mismo.

Reconozco que los errores son peldaños; dependerá de mí que me conduzcan hacia arriba o hacia abajo.

Por eso Señor, te pido la fuerza para hacer lo que no puedo hacer.

La sabiduría para saber qué hacer.

Y la locura para hacer lo que nadie quiere hacer. Amén».

Secretos de una mente creativa

Antes de ir al grano con lo del humor, me sentiría un inmoral si no hiciéramos una pasada por dos temas que son como las dos alas que le darán a tu ministerio un plus diferente.

El ala de la creatividad y el ala de la predicación.

Un filósofo antiguo decía que las grandes introducciones al contrario de producir tedio son como caminar por un frondoso bosque que nos llena de admiración y sobrecogimiento, hasta que llegamos al claro que está en medio de la frondosa estepa. No se puede saborear tanto el llegar al claro si no se ha caminado por horas o días por el medio del bosque.

1. ¿Vas al gimnasio de la creatividad?

Nadie sin entrenamiento se atrevería a levantar una pesa de más de cien kilos; sería un suicidio. De la misma manera, nadie puede pretender vivir en la dimensión de la creatividad si no comienza a ejercitar su mente y a habilitar esos caminos que nos conducen a una existencia innovadora.

La inteligencia y la creatividad no son inmutables; tampoco lo son las capacidades, el carácter o las emociones. Esto no tiene que ver con los naipes que te hayan tocado en suerte, y con los que tengas que conformarte. La vida no es, en este sentido, como un juego de cartas. Con trabajo se puede ser más inteligente que ayer, más valiente, más seguro, más firme. La inteligencia, el carácter y la creatividad son como todo: una capacidad elástica que con empeño se estira y crece. Consideremos a Moisés. Cuando era joven tenía en su interior un hambre de justicia que lo llevó a matar a un egipcio. Había dentro de ese joven judío un caudillo en potencia. Pero cuando Dios trabajó con él en la U.D. (Universidad del Desierto) esa capacidad en bruto fue domesticada por la humildad y el trabajo. A partir de ese joven impetuoso, Dios formó a un hombre que sería recordado por generaciones.

El auténtico potencial de una persona nos es completamente desconocido.

Y no lo descubriremos nunca a menos que dejemos de lado todas las fuerzas de la decadencia que nos empujan hacia la mediocridad y demos ese paso llamado determinación.

Terminar de leer aquel libro, comenzar esa dieta, decidir ir tres veces por semana al gimnasio, asumir que me equivoqué, confesarle mi amor a aquella persona, volver a intentarlo aun cuando me digan que ya no se puede. Insistir en que esa es mi vocación a pesar de que para muchos ese camino no sea el más noble, entrenar una hora más que todos mis compañeros, ordenar mi horario de trabajo para compartir una taza de café con mi esposa. Decir que no a aquella actividad de la iglesia para decir el sí que hace años espera mi familia. Volver para terminar esa canción, ese poema, ese mensaje para el domingo, o esa carrera inconclusa.

Podemos ser mejores que ayer, sin duda, pero no es algo mágico. No depende de una varita mágica. Esto no es Disney sino la vida real. No se trata de un cuento de hadas, pero tampoco de una película de terror. Es posible tener un final feliz.

Como dije al principio, la vida no es como una mala mano de cartas que hayamos recibido y que no podemos cambiar por otras mejores.

Al contrario, es posible optar por otros naipes mejores y potenciar la baraja que se nos otorgó desde nuestro nacimiento

Primero, necesitas la carta de la resistencia. Frente a las adversidades de la vida, no puedes tirar la toalla ni desmayar; a pesar de que el camino se ponga cuesta arriba, debes resistir. Uno es más fuerte y valiente de lo que imagina. Resistir es también aceptar los límites, aquellas cosas que no se pueden cambiar, como la partida de un ser querido, esa enfermedad que te detectaron, un divorcio luego de diez años de matrimonio. Hay cosas que solo descansan en la mano de Dios y él pelea por nosotros. Es en esos momentos en los que no queda más que abandonarnos impotentes en sus manos y resistir, resistir, resistir; ya vendrá el día, despuntando sus rayos de luz sobre nuestra noche. Las marcas de un verdadero héroe no son sus victorias sino las veces que se levanta de sus fracasos.

Segundo, necesitas la carta de la persistencia. La persistencia es producto de la constancia, que se forma por la suma de pequeños esfuerzos. El sabio refrán dice que Roma no se construyó en un día. Ni el carácter se construye de la noche a la mañana. El verdadero éxito viene de la mano de la constancia, como el río, que con su caudal de agua puede moldear algo tan duro como una roca. De modo que aquello que parece débil e inofensivo es capaz de cambiar el curso de las cosas y moldear el destino con solo tomar una decisión y abrazar un estilo de vida.

Tercero, necesitas la carta de la paciencia. La paciencia es como la fe, porque se sostiene en un futuro que no se conoce por fuera, pero que por dentro se ha visitado muchas veces. Es como la esperanza, porque no solo se espera sino que se construye. La paciencia es tener la certeza de que solo es cuestión de tiempo, de que cuando haces el bien y lo haces bien, tarde o temprano, alguien tocará a tu puerta.

José (el de la Biblia, no el negro José) pasó toda su juventud como esclavo, pero nunca tuvo mentalidad de esclavo sino que vivió de acuerdo con sus sueños de grandeza. A pesar de que le encadenaron los pies, no pudieron encadenar su espíritu. Él fue paciente y fiel a lo que Dios le había entregado; lo demás es historia. Plutarco decía sobre la paciencia: «*La paciencia tiene más poder que fuerza*».

Recuerda: sé paciente, trabaja duro, madura y ten la certeza de que solo es cuestión de tiempo.

2. Estimulante natural para la creatividad

Hay muchas definiciones sobre la creatividad. Yo tengo mi definición personal y te la quiero compartir.

La creatividad es un proceso subjetivo que se concreta cuando utilizamos las cosas que tenemos para obtener lo que no tenemos.

Como lo dice la declaración, se trata de un proceso subjetivo, pero no solo se queda en lo subjetivo. Se concreta.

Un anciano una vez nos preguntó: ¿Cuál es el lugar más rico de la ciudad?

Todos pensamos en alguna oficina de tesorería del gobierno, en alguna catedral o banco. No, la respuesta fue «el cementerio».

El cementerio es el lugar más rico del mundo porque ahí están las miles y millones de cosas fantásticas que estuvieron a punto de salir a luz para sorprender al mundo, pero que nunca salieron ni se dieron a conocer porque no hubo la suficiente determinación como para arriesgarse a concretarlas.

La creatividad nos ayuda a obtener lo que no tenemos usando lo que tenemos. Uno de sus ejemplos es la comedia de pie, o monólogo, que surgió en momentos sumamente duros para países como los Estados Unidos o la Alemania de posguerra, en los que no había dinero para contratar grandes elencos de artistas y una sola persona parada en el escenario podía dar al público aquello que se creía que solo un gran despliegue escénico era capaz de proporcionar.

La risa, fuente de creatividad

Para lograr una personalidad creativa no resulta necesario ni determinante comprarse una biblioteca sobre el tema. Aunque parezca demasiado simple, existe algo muy común y corriente que puede convertirse en un disparador para tu creatividad humorística: reír.

La risa puede cambiar tus ondas cerebrales y tu estado de ánimo. Cuanto menos estrés haya en tu cabeza, mejor preparado estarás para ser más creativo.

La risa es la mayor experiencia curativa natural que tiene el ser humano.

Con la risa se libera adrenalina, dopamina y catecolamina. Además se activan los neurotransmisores.

La adrenalina activa la creatividad y la imaginación. De hecho, si pretendes ser un buen humorista y hacer reír a la gente, primero debes aprender a reírte de ti mismo y reír con los demás. No basta que seas un profesional del humor si vives como un amargado. Para ser el mejor exponente de la alegría debes conocerla de cerca, en tu propia vida. Hay excelentes humoristas que son aficionados de la alegría, pues viven luchando contra su apatía y desazón con respecto a la vida.

Para ser el mejor humorista, debes amar la alegría.

Es sumamente estimulante para el humorista ver películas de humor y conectarse con otros espacios humorísticos. Eso hace que uno se ría, y la risa poco a poco comienza a hacer su trabajo en el cerebro. La adrenalina comienza a activar las zonas encargadas de despertar la creatividad.

Busca todo el material humorístico que tengas a tu alcance; procura páginas de chistes y libros de humor. Que sean tu compañía. Y luego de un tiempo verás suceder algo mágico. La chispa del humor brotará naturalmente de tu ser, como una fuente que no solo te da alegría, sino que llena de risa tu entorno.

La catecolamina, a su vez, estimula la concentración y la claridad mental.

La dopamina y la serotonina producen un excelente estado de ánimo; de hecho, si bajan, el cuerpo comienza a decaer y podemos entrar en hondos estados depresivos.

La risa constituye la mejor prevención para la depresión y el mejor estimulante para lograr una personalidad altamente creativa.

> *«Por envejecer no se deja de reír;*
> *pero dejar de reír te hace envejecer».*
> Honoré de Balzac

3. Lee mucho, lee todo, lee cuanto puedas, nunca pares de leer

> *«Analfabeta no es aquella persona que no sabe leer,*
> *un analfabeto es el que sabiendo leer no lo hace».*
> **Anónimo**

La lectura es el arte por excelencia que nos posibilita potenciar nuestro bagaje cultural, nuestro conocimiento y nuestra inteligencia. Un libro es el mejor amigo de una persona con ansias de conocimiento.

Lamentablemente, en nuestro continente la lectura no es un hábito muy cotizado.

Las encuestas nos dicen que, comparado con un joven europeo, el joven latino lee aproximadamente medio libro al año mientras que el joven europeo lee aproximadamente cinco libros en ese lapso.

A Ernesto Sábato le preguntaron qué libro se podía leer para ser más sabio. Él contestó que cualquiera, que uno debe leer lo que le guste y no solo aquello que se presume imprescindible para crecer intelectualmente.

Una de las prácticas más extraordinarias para producir buen material humorístico es leer. Y leer mucho.

Un buen humorista no solo habla de los tres o cuatro temitas clásicos, sino que intenta abordar temáticas más universales e interesantes.

Y eso no se produce por arte de magia, proviene de un método de lectura.

Beneficios de un libro.

- Leer te hace más grande por dentro.
- Leer te amplía la visión del universo.
- Leer te ayuda a mantenerte acompañado, aun cuando camines solo.
- Leer te refresca el cerebro.
- Leer es la mejor gimnasia para tu aparato pensante.
- Leer te quita la soberbia de creer que ya lo sabes todo.
- Leer te transportará gratuitamente a lugares a los que ni Bill Gates podría llegar.
- Leer es abono para tu creatividad.
- Leer transforma a los escritores en seres inmortales; siempre seguirán vivos en tus lecturas.
- Leer te hace una persona interesante a la hora de hablar.
- Leer te convierte en una persona competente a la hora de actuar.
- Leer te transforma en una persona sabia a la hora de pensar.
- Leer es invertir el tiempo de la mejor manera.

- Leer es una adicción que te hace más humano.
- Leer es despertar las áreas dormidas de tu cerebro.
- Leer es tener una entrevista con las mentes más brillantes del pasado.
- Leer significa extender las fronteras de tus capacidades.
- Leer es construir puentes donde antes habían murallas.
- Leer es alimentarte por los ojos.
- Leer es darte una oportunidad para cambiar tus errores.

«Lee y conducirás, no leas y serás conducido».
Teresa de Jesús

4. Lleva un lápiz y un papel

Si hay una práctica que me ha acompañado durante casi once años es llevar siempre conmigo un papel y un lápiz a dondequiera que vaya. ¿No les ha pasado que de pronto están en el lugar menos indicado, a la hora menos indicada y, ¡vaya!, de algún lugar nos llega una idea repentina que arroja luz sobre algo que nos daba vueltas en la cabeza?

Mi esposa sabe que aunque sean las cuatro de la mañana a veces despierto con una lucidez que no puedo postergar para el día siguiente. Tengo que levantarme y escribir.

A todos nos ha pasado, pero lo lamentable es que nunca hemos registrado más de la mitad de las ideas extraordinarias que nos llegaron.

En Estados Unidos se ha inventado un cuadernillo y un lápiz a prueba de agua en el que es posible anotar alguna idea repentina, aun cuando nos encontremos en la ducha o en la piscina.

Por ejemplo, tenemos el contradictorio caso de Descartes, que siendo uno de los maestros de la duda y la racionalidad occidental, su tesis surgió a partir de un sueño. Curiosa manera de defender la racionalidad.

Por eso, si quieres ser una persona creativa es imprescindible que archives tus ideas y formes un banco con ellas.

Si quieres incursionar en el humor, es bueno que siempre lleves algo en dónde anotar y algo con qué anotar. Las ideas para crear buen material están más cerca de lo que imaginamos.

Una de las cosas que resultan determinantes es saber observar. Por ejemplo, cuando vas en el bus o en el metro. Con tu papel y lápiz puedes echar mano a todo lo que ves y comenzar a darle la primera estructura a un material de humor.

Registra los personajes. Toma nota de cómo hablan. Anota cómo están vestidos.

Rescata todos los gestos que veas en las personas. Fíjate en ciertos comportamientos claves. Por ejemplo, cómo se comporta el chofer. Cómo habla, cómo viste y se mueve.

También es sumamente divertido realizar algo que nunca haces, como ir por un nuevo camino, comprar un libro que nunca comprarias, tomar un café donde nunca lo haces, conversar con alguien inesperado y no dejar de anotar.

Ya vamos hablar un poco de esto más adelante, cuando abordemos el tema de cómo estructurar el libreto de un monólogo. Pero estos son los pasos principales: anotar, escuchar, ver, sentir. Las mejores rutinas de humor, las ilustraciones más destacadas, las más disparatadas anécdotas se encuentran allá afuera, vuelan como pajarillos cerca de ti, buscando que las atrapes con tu red creativa.

5. Trabaja ideas aleatorias

Uno de los ejercicios mentales más estimulantes para activar la capacidad humorística y creativa es usar imágenes aleatorias.

Nuestro cerebro está acostumbrado a pensar dentro de ciertos marcos que nosotros hemos asimilado como convencionales. Tenemos muchas ideas preconcebidas en nuestro cerebro. Necesitamos romper con esas ideas para comenzar a abrir el horizonte de nuestra creatividad.

También me dirijo a los que están leyendo este libro y ya se consideran personas creativas. Muchas veces somos creativos haciendo las cosas que siempre hemos hecho y nos salen bien.

Hemos encontrado la «gallina de los huevos de oro» y luego de lograr la ecuación perfecta para llegar a las personas, nos cuesta un montón salir de ahí y reinventarnos.

Un autor dijo: «El líder que no se prepara, está completamente preparado para un mundo que ha dejado de existir». Porque el mundo cambia constantemente y de manera vertiginosa.

Así también, un líder que no se reinventa, que no prueba salir de los moldes de las ideas preconcebidas, resultará exitoso en algo que, tarde o temprano, dejará de ser novedad.

Los niños, como aún están en una etapa de visualización del mundo que no tiene prejuicios, pueden llegar a soluciones que definitivamente rompan con los moldes.

Se dice que cuando un niño tiene entre uno y cuatro años la pregunta es: ¿Por qué no?

Entre los cuatro y los once años, el interrogante es: ¿Por qué?

Y de los doce en adelante se transforma en: Porque...

En casa tenemos una perrita de dos meses y medio. El gran problema es educarla para que no haga sus necesidades en el suelo. Le pregunté a Barú, mi hijo, que podíamos hacer con «Candela». Barú, a sus cuatro años, me respondió: «Papá, tenemos que llevarla al baño para que aprenda hacer pipí y popó».

Habíamos probado con miles de cosas para evitar que la perrita hiciera sus necesidades dentro de la casa, ¡pero nunca hubiéramos pensado en llevarla al baño!

Definitivamente mi hijo piensa en parámetros muy diferentes de los míos.

Pensar imágenes aleatorias tiene que ver con añadir al cerebro una idea totalmente desconectada de aquello que venimos pensando. Ideas que buscan respuestas a situaciones que no nos estamos planteando, pero que al unirlas nos proporcionan la solución a aquella primera cuestión que intentábamos resolver.

Combinar ideas aleatorias:

• Lleva contigo una bolsa con imágenes de las cosas más diversas que tengas, también puede ser un diccionario.

• Ten claridad de qué es lo que buscas, por ejemplo: «predicar sobre el amor a un grupo de adolescentes».

• Escoge cualquiera de las imágenes o alguna palabra del diccionario. La elección debe ser al azar.

• Por inadecuada o extraña que resulte la palabra o la imagen, trata de combinarla con el problema que te ronda en la cabeza.

• Trata de buscar ideas o características de la imagen o palabra escogida; lo que te venga a la mente, cualquier cosa que se relacione con la característica o función de la imagen.

• Luego de lograr una lista de características de la imagen o palabra, intenta hacer una fusión con el problema en el que estás concentrado.

Ejemplo:

Este sábado tenemos que dar el tema del «noviazgo» ante un grupo de adolescentes.

No sabemos qué hacer y en nuestro ejercicio de ideas aleatorias elegimos al azar la imagen de un partido de fútbol.

Comenzamos detallando sus características.

1. Se juega en equipo.

2. Se juega con una pelota, y para que sirva debe estar llena de aire.

3. Tiene sus reglas y hay un árbitro que sanciona.

4. Tienen que vestirse con el equipo adecuado.

5. No están los jugadores solos; también se encuentra el público.

6. Tiene un comienzo y un fin.

Puede haber muchas más, pero estas son suficientes para el ejemplo.

Ahora conectemos estas dos cosas tan dispares.

El noviazgo es como el fútbol:

1. Se juega en equipo: No debe ser una relación egoísta.

2. La pelota debe estar llena de aire: la Biblia dice que el espíritu es como el aliento de Dios. Tiene que ser una relación influida por el Espíritu de Dios.

3. Tiene sus reglas: Deben saber que cada cosa que hagan tendrá una consecuencia.

4. Se debe usar el equipo adecuado: En el noviazgo, cuanta «menos ropa haya», más peligroso resultará. También tener en cuenta cómo nos debemos vestir los cristianos (Gálatas 3:27).

5. No estamos solos: Debemos considerar que nuestras acciones en el noviazgo pueden bendecir o perjudicar a más personas que las dos involucradas.

6. Tiene un comienzo y un fin: En el noviazgo deben plantearse metas. Saber que cuanto más largo sea, más tedioso resultará. Y que si es muy corto, poco nos conoceremos.

Este es un ejemplo de desarrollo de ideas aleatorias.

Para crear humor, este ejercicio es como un precalentamiento previo a la actividad física.

Lo bueno de las ideas aleatorias es que amplían las sendas de la creatividad en el cerebro. Está comprobado que cuando aprendemos algo, en nuestro cerebro se conectan puentes y se hacen caminos. En primera instancia se trata de caminos pequeños, pero luego de un tiempo, ese pequeño camino se transforma en una gran carretera. Las ideas aleatorias construyen carreteras mentales.

6. Arriésgate a hacer lo que otros no hacen

Hay una película muy entretenida, *Sí señor*, protagonizada por Jim Carrey. Carl es un hombre con un buen trabajo, una vida relativamente resuelta, amigos que lo ayudan en su etapa posdivorcio. Pero tiene un gran problema, ha dejado de disfrutar de su existencia, está en un atolladero de aburrimiento y monotonía. Hasta que se ha sometido a un programa de autoayuda en el que debe liberar el poder del *sí*.

En la película *Sí señor*, el gurú les dice:

1. Cuando le decimos sí a la **vida**, ella también nos dice sí

2. Cuando le decimos sí a la **vida**, obtenemos lo imposible

3. Estás muerto cuando le dices que no a la **vida,** y por lo tanto no vives

Ahora, hagamos el ejercicio de cambiar la palabra «vida» por «Dios».

Si le decimos «sí» a Dios, no imaginamos aun qué puertas increíbles se nos pueden abrir.

> *«¿Qué sería de la vida,*
> *si no tuviéramos el valor de intentar algo nuevo?»*
> Vincent Van Gogh

7. Los cinco «no» que te ayudarán a salvar tu creatividad

Para finalizar quiero señalar que a veces decir que «no» es algo positivo. Por eso quiero concluir esta sección compartiendo algunos infaltables consejos para salvar tu creatividad de los obstáculos propios de la vida.

A. No te limites a las fronteras de tus capacidades

¿Conoces personas acomodadas en trabajos de excelente salario, pero que en el fondo de su corazón odian estar donde están? Darle un giro a la vida produce un bajo nivel de seguridad; y se necesita de una motivación increíble para soportar la ansiedad de saber que no estamos sobre suelo firme. Nunca sabrás qué te depara la otra orilla si no estás dispuesto a navegar mar adentro. Todos deseamos a veces un cambio radical, pero tememos al fracaso y nos carcome la idea de adentrarnos en una selva llena de peligros. Tememos no llegar a la cima, pero anhelamos estar allá arriba junto con todos aquellos que saborean la brisa que sopla solo en las cumbres.

Sir Francis Drake decía: *«Moléstanos, Señor, cuando estemos demasiado satisfechos con nosotros mismos. Cuando nuestros sueños se hayan hecho realidad porque soñamos demasiado poco. Cuando lleguemos sanos y salvos porque navegamos demasiado cerca de la orilla. Moléstanos Señor».*

B. No te asustes frente a los desafíos

«Cuando intentes abrir la puerta de tus sueños,
esta no se abrirá enseguida. Esa puerta es muy dura.
Pero no renuncies; el secreto de esa puerta es que
solo se abre cuando tu insistencia es más dura aún».

El autor

La película *Indiana Jones y la última cruzada* nos proporciona una escena extraordinaria. Indiana Jones está frente a un barranco, delante de él tiene el Santo Grial. Tiene que dar un paso de fe porque su padre está herido y el Grial es su única salvación, pero resulta absurdo dar un paso al vacío. Se decide y da el paso. Al comenzar a caminar se da cuenta de que hay un puente. *Un puente invisible a los ojos humanos, pero visible para los que deciden dar pasos de fe.*

En el Evangelio de Juan unos jóvenes le preguntan a Jesús dónde está su casa y él les dice: «Vengan a ver». Así se resume la vida de Jesús: Ir hacia él para ver quién es él. Hoy, las ciencias empíricas nos dicen «ver para creer». Su postulado se basa en que no podemos estar seguros de algo si antes no lo hemos estudiado, examinado y comprobado. Y tienen razón, pero no todo el universo se maneja según esos engranajes. La fe no es una cuestión meramente racional, aunque tampoco la niega sino que la trasciende. Tener fe en Dios no es una cuestión exclusivamente intelectual ni tampoco se reduce a un sentimentalismo ingenuo. La fe en Dios es existencial en esencia, es un atreverse a caminar, a cruzar puentes que no se ven, siguiendo a alguien que no conocemos cara a cara. Creer en Jesús es un «ven y verás». Es un atreverse a caminar, para luego darse cuenta de que ahí donde había un abismo hoy se erige una ruta que se encamina hacia otros horizontes.

C. No te rindas por falta de dinero

«Siempre es temprano para rendirse, nunca es demasiado tarde para una oportunidad».

Anónimo

Para la mayoría de nosotros, la falta de dinero y financiamiento es un serio obstáculo para dar comienzo a una empresa o una idea. Como dicen por ahí: «Por dinero baila el mono».

Uno de los consejos más concretos y racionales es no gastar más de lo que ganamos e invertir lo que nos sobra. Pero aun así, más de la mitad de la población tiene deudas. Algunas superan cuatro veces lo que ganamos.

Como decía el ya desaparecido Facundo Cabral: «Gastamos lo que no tenemos para comprar cosas que no necesitamos, para impresionar a personas que no conocemos».

Son innumerables los casos de personas que, sin tener dinero, han salido adelante y han logrado alcanzar sus sueños, porque en sus bolsillos había algo más importante que «efectivo». Había un sueño y determinación.

El recientemente fallecido Steve Jobs, que hasta hace poco tiempo era el presidente ejecutivo de Apple, fue un bebé adoptado. Cuando entró a la universidad, al poco tiempo se frustró y decidió seguir solo en caligrafía. En 1975, junto con un amigo, montó una oficina para arreglar ordenadores en su garaje y en su dormitorio. Lo que comenzó como una pasión en un pequeño cuarto de su casa hoy es una de las más grandes empresas de informática. Ellos fueron los que en 2010 nos impresionaron con el Ipad.

Cuando le preguntaron a quién admiraba, Steve Jobs mencionó a Bob Dylan y a Pablo Picasso, pues según él, ellos siempre estaban arriesgándose en sus proyectos, sin que les preocupara el fracaso.

Recuerdo la época en que quería estudiar teología y no tenía dinero. Un pastor me dijo: «No te preocupes Ulises, si Dios invita, él paga». Y así fue. Una linda iglesia que no conocía, la Iglesia Bautista «Paramount» de Amarillo, Texas, me becó durante mis 4 años de estudio.

Si tienes proyectos en tu corazón, no esperes a que llegue el dinero para luego moverte. *No*. El reino de Dios es al revés, muévete primero y luego vendrá el dinero. No esperes ver un cheque para motivarte, comienza a actuar y hacer cosas, para que los que tienen los cheques se motiven y den. Lo que determinará tu éxito no será la cantidad de dinero, sino la profundidad de tu determinación.

D. No te quedes copiando lo bueno, avanza hasta alcanzar lo excelente

¿Será posible que alguien sea creativo sin copiar a nadie? Es casi imposible, pues todo pensamiento creativo se sustenta en algo que ya existe. Los mejores creativos son los que toman buenas ideas y las hacen mejores.

Recuerda que tú naciste original, por eso, no te mueras siendo una copia.

Cuando el rey Saúl envió a David a pelear, le dio su armadura. Para David era una súper armadura, pero no le resultaba cómoda por su tamaño y porque no tenía costumbre de usarla. David tomó una decisión radical. Saúl quería que David bajara a pelear como Saúl. Pero David decidió bajar a pelear como David.

En una conversación que tuve hace un tiempo con un muchacho que había sido cristiano y se había apartado de la iglesia, al preguntarle las causas, me contestó: «La iglesia es el refugio de los mediocres».

La creatividad es como caminar hacia el horizonte. (Algo parecido dice Eduardo Galeano). Cuanto más te acercas, más se aleja, cuanto más caminas, más crece. Porque para eso sirve el horizonte, no para alcanzarlo sino para que caminemos hacia él.

«Nunca vayas por el camino trazado, porque conduce hacia donde otros han ido ya».

Alexandre Graham Bell

E. No te acerques ni un centímetro a la mediocridad

«No vayas allá donde el sendero puede llevarte, ve, en cambio, donde no haya senda y deja una huella».

Ralph Waldo Emerson

Según el Diccionario de la Real Academia Española, mediocre es todo aquello «de calidad media», algo «de poco mérito, tirando a malo».

La mediocridad está de moda. En los programas de televisión, en el gobierno, en los servicios médicos, en las escuelas y universidades, en los púlpitos.

En Chile tenemos una frase-anécdota. Antes solía ser muy común escuchar esta frase en boca de los evangélicos: «Total, es para el Señor».

Y aunque la frase destile una aparente devoción, encierra una mediocridad invencible. Cuando en los programas de la iglesia no se alcanzaban los objetivos, cuando lo que hacíamos era de mediana calidad, no faltaba el hermano que para alentar o perpetuar esa mentalidad de horror, decía: «No importa hermanos, Dios ve el corazón... Total, esto es para el Señor». Como si Dios fuera el niñito que arregla las bolsas del supermercado y espera que le demos una propina de lo que nos sobra.

Cuando analizamos la Biblia, encontramos en ella un registro del ser humano en toda su realidad. No aparecen seres ideales sino reales. Mentiras, deseos de venganza, homicidios, infidelidades, maldad. La Biblia no esconde nuestras debilidades debajo de la alfombra.

Muestra a un Dios empecinado en encarrilarnos, sacándonos de las opciones que nos llevan a la decadencia y la mediocridad. Y en esa carrera, a veces nuestra soberbia termina ganándole el round al amor correctivo de Dios.

En ese sentido, Dios no usa a nadie. No estamos hablando de un tirano que mueve las vidas humanas como si fueran piezas de ajedrez. Dios nos trata como a seres humanos y no como a pedazos de madera.

Dios no usa a nadie, lo que él hace es invitarnos a colaborar en su misión. Por eso, la flojera y la mediocridad son como un virus que repele la acción de Dios. No es una convicción personal, sino una reflexión práctica. Mirando la Biblia, hallo un factor en común en todos los hombres y mujeres que Dios ha llamado: Todos ellos estaban haciendo algo, trabajando en algo, nadie estaba desocupado.

Mis años de pastoreo me han llevado a la conclusión de que Dios difícilmente trabaja con los haraganes, porque si los haraganes no hacen nada por su vida, ¿qué garantía hay de que hagan algo por el reino de Dios?

VI PARTE
TIPS PRÁCTICOS PARA QUE TU MENSAJE SEA INOLVIDABLE

Esta parte del libro me parece imperdible, pues no sería sabio enseñarte algunas ideas acerca de cómo podemos usar el humor en el púlpito sin antes hablar de lo fundamental, de cómo mejorar la predicación dirigida a los jóvenes (y a los no tanto).

Si quieres puedes saltearte esta parte, pero sería como comerte un perro caliente sin el pan que le da soporte.

Comencemos por el principio.

1. ¿Cómo predicar de la mejor manera?

Existen tres maneras de bajar del púlpito luego de un sermón.

1. Habiendo ganado por nocaut técnico: es decir, habiendo terminado la predicación de manera brillante y conmovido al auditorio.

2. Habiendo ganado por puntos: lo que equivaldría a finalizar la predicación con la sensación de que pudo haber estado mejor.

3. Tirando la toalla: Acabar replanteándose el ministerio de la Palabra.

Todo conferencista o predicador ha vivido las tres experiencias. Victoria indiscutida, victoria por puntos y fracaso. Creo que no hay nada más frustrante que tener ese sabor amargo del fracaso en eso que uno ama hacer. Pero se debe aprender de los errores.

Claves para una comunicación eficaz

1. Entendimiento. ¿Comprenden lo que les decimos?

La comunicación se produce solo cuando los demás entienden lo que hablamos. No hay comunicación solo por el hecho de que transmitamos algo. Hablamos de transmisión cuando el mensaje llega al oído aunque no haya comprensión.

Por eso, como dice un refrán: «Hay algunos que dicen algo mientras otros tienen algo que decir».

Recuerdo esa gran historia bíblica que se encuentra en Hechos 2:1-13, en plena fiesta de Pentecostés. A diferencia de lo que sucede en la actualidad cuando hay conferencias internacionales y existe un circuito cerrado con traductores que ayudan a que las diferentes delegaciones con distintos idiomas entiendan al conferencista, en esa fiesta de Pentecostés, ciento veinte personas impulsadas por el Espíritu Santo comenzaron una predicación simultánea pero en diferentes idiomas. Más de quince culturas diferentes pudieron oír el mismo mensaje en su lengua natal. Una de las cosas prácticas que aprendo de esta historia, es que un verdadero mensaje del Espíritu siempre buscará hacerse entender claramente a los oídos de los presentes.

2. Proceso. Tres peldaños en el proceso comunicativo

A. Información: Conocer el contenido de lo que vamos a exponer.

B. Intención: Qué queremos que sepan, qué queremos que hagan.

C. Efecto: En última instancia, el auditorio tiene el control, pues este tomará la decisión de hacer lo que estime mejor con el mensaje. Si bien el receptor decide qué hacer con el mensaje, dependerá mayormente del emisor que se dé la respuesta esperada.

3. Ruido

A. Ruido mecánico: El proceso de comunicación puede ser interrumpido por algo que llamamos ruido. Está el ruido exterior, que en muchos casos es inevitable. Si bien este tipo de distracción entorpece el proceso comunicativo, es una manifestación medible y cuantificable. Se lo puede evitar tomando precauciones prácticas, como hacer la reunión en un espacio cerrado, cerrar las ventanas, llevarse a los pequeñitos a su culto de niños para que no se aburran y distraigan con sus llantos o pataletas a los adultos.

B. Ruido semántico: Es el ruido interior, cuando el receptor mal interpreta el mensaje o se distrae, estimulado por una serie de imágenes de la mente que le evocan pensamientos voluntarios o involuntarios, que terminan por diezmar la comprensibilidad del mensaje. Para este tipo de ruido mental, se debe estar preparado con tres disparadores de la atención.

• **El humor:** Usar una sana dosis de humor en un mensaje es sumamente estratégico. A nivel cerebral se libera adrenalina, que es un componente esencial para mejorar la capacidad de atención.

• **Ilustración o anécdota:** Relatar una experiencia personal, con una intención dramática o chistosa, provoca que hagamos aterrizar aquellos excesos de conceptualismos subjetivos. Contar una buena historia es siempre recomendable cuando se sabe que ese período del mensaje es muy técnico o conceptual.

• **Interrelación con el auditorio:** No hay nada más cautivador que cuando el predicador o conferencista hace participar al público. Provoca un efecto visual extraordinario el que el auditorio se transforme también en protagonista del mensaje.

2. Bosquejos para un sermón

A. Introducción: Esta parte es sumamente importante, porque debe producir tensión y expectativa. Se puede dar comienzo de diferentes maneras:

- Con una anécdota
- Relatando una noticia actual
- Contando un chiste o dando una nota jocosa
- A partir de una novela, película o canción
- Haciendo preguntas

B. Texto bíblico: Siempre es recomendable citar el texto que se va a considerar. El enunciado del texto puede ir acompañado de:

- Una explicación del texto
- Preguntas que se le hacen al texto con su consiguiente explicación
- La lectura del texto, narrándolo de manera entretenida y explicándolo
- La lectura del texto, añadiéndole alguna ilustración y explicación.

C. Puente: Una de las cosas más difíciles es comenzar a hacer aterrizar el mensaje para concluir. Luego de explicar el texto se necesita establecer un puente para el cierre. Aquí van algunas ideas:

• Plantear el desafío de hacer algo que no se está haciendo y el texto demanda

• Ilustrar la explicación con alguna historia

• Ilustrar la explicación con algún video o música

• Ilustrar la explicación con una pequeña dramatización

• Salir del lugar en que se está predicando y ubicarse en otro lugar para potenciar o ilustrar lo enseñado

D. Cierre: Como sucede con todo buen libro o película, el cierre debe tener como objetivo atar todo cabo suelto.

• Aplicación-Conclusión

• Historia final-Aplicación-Conclusión

• Aplicación-Historia final

• Conclusión

Sugerencias finales

• Usar términos conocidos por los adolescentes

• Agregarle a una historia bíblica elementos de la cultura actual

• Introducir buenas anécdotas

• Entrar en contacto con los personajes bíblicos

Diez mandamientos de todo buen comunicador

I.- No hablar si no estamos informados.

II.- No hablar si no conocemos al que es nuestro público.

III.- No hablar si no nos hemos puesto en sus zapatos.

IV.- No hablar si no sabemos a dónde queremos llegar.

V.- No hablar si no estamos dispuestos a que nos evalúen.

VI.- Honrar las relaciones y el tiempo que pasamos junto a nuestra gente, pues más que un mensaje lo que perdura es el ejemplo de vida.

VII.- No codiciar los dones de nuestros colegas, potenciar nuestras fortalezas.

VIII.-Reiterar contenidos (hacer series de más de un mes sobre una temática) para que entren en el corazón.

IX.- Tomar en cuenta el entorno (también tiene algo que decir).

X.- No dejar de buscar nuevos caminos para comunicarnos mejor, asumir riesgos.

«Hablar es gratuito, pero si no nos hacemos entender, lo pagaremos muy caro».

El autor

3. ¿Cómo presentar un mensaje relevante?

La palabra relevante viene del latín «re- elevare», que significa «algo que se tiene en alta estima».

Existen tres clases de predicaciones: 1) Las que no se pueden escuchar, 2) las que se pueden escuchar, y 3) las que no puedes dejar de escuchar. Depende de nosotros que nuestros mensajes sean inolvidables.

Por eso compartimos tres elementos indispensables para que un mensaje juvenil sea relevante: Debe tener las **Tres «C».**

1. Contenido: Es necesario que su contenido sea claro. En última instancia, el contenido claro es lo que impacta. Uno puede ser un gran comunicador, pero si el mensaje no tiene contenido, el «don de gentes» termina tarde o temprano siendo nada. Es preciso que contenga un mensaje bíblico, una buena interpretación de los textos y una buena aplicación a la vida.

2. Contexto: Contextualizar el mensaje tiene que ver con que los jóvenes lo entiendan. Que sea cercano a su «entorno de vida».

Consejos:

A. No abusar del lenguaje evangélico.

B. Hablar de la actualidad.

C. Hacer el esfuerzo por no predicar enojado. Ya es bastante tener que aguantar gente malhumorada durante la semana como para encontrar más en el púlpito.

D. Actualizarse y tomar nota de cuáles son los predicadores que están llegando a los jóvenes hoy, qué es lo que tienen ellos y cómo hacen para tocar el corazón de la juventud.

E. ¡Preguntarle a los expertos! Indagar entre los muchachos qué elementos debería tener una buena predicación, según lo que ellos creen.

F. No importa cuán profundo o entretenido sea el mensaje, si no lo aplicamos a la vida, no nos sirve de nada. ¡Hay que bajarlo a tierra!

3. Creatividad: Ya lo hemos dicho. Creatividad es «obtener lo que no tenemos usando lo que tenemos». Es la capacidad de echar mano a diferentes elementos lúdicos para que el mensaje resulte comprensible.

La creatividad en la enseñanza se basa mayormente en reconocer que hay diferentes tipos de inteligencia en el auditorio. Hay chicos con inteligencia auditiva, otros con capacidad de retener lo verbal, algunos con memoria visual, otros quinésica, otros musical.

Así que apuntemos a esa variedad de inteligencias para que la mayoría entienda lo que quisimos enseñar.

4. ¿Cómo lograr que un mensaje despegue?

El despegue. ¿Cómo preparar una introducción cautivante?

Cada predicador que se para frente a un público joven ha vivido esta escalofriante experiencia. Ver el semblante de esos muchachos con rostro desafiante, y percibir un mensaje implícito en sus miradas:

«¿Por qué crees que yo te debo escuchar?».

Hemos saboreado la amarga sensación de sentir que por **mucho** que nos hayamos esforzado en predicar, los chicos no se conectaron con el mensaje, e incluso, para empeorar nuestra tortura (y la de ellos), comenzaron a realizar acciones que demostraban sin palabras su total desinterés hacia el mensaje.

Muchos en nuestra desesperación comenzamos a regañarlos, llamándoles la atención a esos muchachos que constituían un foco de distracción, e invirtiendo las energías que deberíamos haber canalizado en el mensaje, en regaños y advertencias.

¿Cómo podemos evitar pasar por el valle de la indiferencia?

Si queremos cautivar a nuestros jóvenes con nuestros mensajes, entonces debemos esforzarnos por producir buenos mensajes.

Recordemos: si no captamos la atención en los primeros tres minutos, posiblemente nunca la captaremos.

¿Cómo captar la atención de la audiencia?

- No es necesario gritar
- No es preciso vestirnos raro
- No hace falta manipular o regañar
- No se requiere «música de fondo»
- No es necesario levitar ni hacer trucos de ilusionismo

Aquí van algunas ideas:

1. **Frases paradójicas**: Las paradojas son enunciados que contienen una idea contradictoria, extraña o que se considera fuera de lo establecido. Existen frases paradójicas como:

«Soy ateo, gracias a Dios» o «Quisiera morir de viejo lo más joven posible». Jesús utilizó varias frases paradójicas como: «El que quiera ganar la vida la perderá», «Los primeros serán los últimos», «Muchos son los llamados, pocos los escogidos», «El que cree en mí, aunque esté muerto vivirá», «El más pequeño será el más grande».

2. Frases conocidas: Se pueden usar frases o pensamientos que sean conocidos por el auditorio y quizás transformarlos, negarlos o potenciarlos. Ejemplo:

«Ser o no ser, esa no es la cuestión. La cuestión hoy en día es tener o no tener».

3. Preguntas abiertas: Comenzar con una buena pregunta ayuda mucho a captar la atención. Ejemplo: Si hoy te dieran la noticia de que te queda una semana de vida, ¿qué cosas que haces todos los días no harías y qué cosas que nunca haces harías?

4. Estadísticas: Compartir una estadística impactante para crear conciencia de la importancia del tema. Ejemplo:

En el continente sudamericano y centroamericano, cada año veinte millones de niños están en peligro de morir de hambre.

En el mundo cada cuarenta minutos se suicida un joven menor de dieciocho años.

Si todos los insectos de la tierra desaparecieran, la vida aquí se acabaría en menos de cincuenta años. Si todos los seres humanos desaparecieran, la vida en la tierra resurgiría en menos de cincuenta años.

5. Humor (Contar un chiste o un relato humorístico)

6. Anécdota personal

5. ¿Cómo hacer que el mensaje baje a tierra?

El aterrizaje: Cómo diseñar un cierre inolvidable

Hay un golpe que en la práctica del boxeo se llama «el gancho al hígado», y este tiene como misión dejar al contrincante sin oxígeno, completamente inmovilizado y a merced de uno.

El final de un mensaje debe ser el último golpe de gracia. Tiene que ser un gancho al hígado. Es preciso llevar al clímax el mensaje para que el final sea sublime.

Terminar diciendo: «bueno, creo que eso es todo lo que tengo que decir, así que voy a terminar el sermón...», no es recomendable en lo absoluto.

En la capilla de un seminario teológico, un profesor comenzó su mensaje diciendo: «Este es un mensaje muy profundo». En media hora de predicación nunca pudo coordinar sus ideas y el final se hacía eterno. El mensaje de verdad fue tan profundo que nadie pudo sacar al pastor del hoyo en que se metió.

En aviación, un mal aterrizaje se produce por tres causas. Por culpa del piloto, a raíz de una falla técnica o por responsabilidad del personal de tierra.

A diferencia de la aeronáutica, los malos aterrizajes en el púlpito son de exclusiva responsabilidad del predicador.

En aeronáutica, el aterrizaje se puede dar solo si nos hemos asegurado de hacer tres cosas básicas:

- **Bajar la velocidad al mínimo exigido para planear**
- **Bajar el tren de aterrizaje**
- **Subir el morro** (la punta de la nave)

La misma técnica debemos aplicar para hacer aterrizar una predicación.

1.   **Bajar la velocidad del mensaje**: En un buen mensaje no basta solo con parar, se debe concluir. Y la conclusión no debe ser abrupta.

La idea es ir bajando la velocidad del mensaje en esta parte; eso se puede lograr dándole algunas señales claras al auditorio:

- Después de la explicación de todos los puntos, o del punto central, podemos tomarnos un respiro de unos segundos y en una velocidad visiblemente más calma, comenzar con la conclusión.

• Si tenemos la Biblia abierta durante el sermón, la cerramos, para dar a entender que viene la última parte.

• Si estamos detrás del púlpito durante el mensaje, nos apartamos de él y nos acercamos más a las personas hacia el final.

• Pedimos a la audiencia que se ponga de pie para dar las últimas palabras y orar.

• Si la audiencia es joven y el auditorio lo permite, podemos sentarnos en algún lugar donde todos nos puedan ver, para darles a entender que vamos a terminar.

• Si el auditorio lo permite, bajar del púlpito y caminar entre las personas para comenzar la conclusión.

2. **Bajar el tren de aterrizaje:** El tren de aterrizaje es la primera parte del avión que toma contacto con la tierra. Sin él, el impacto sería tremendo.

Una de las características de los buenos mensajes, es su capacidad de conectarse con la vida de las personas.

Un sermón que se queda «en las nubes», que no resulta aplicable ni aborda cuestiones reales, que no ayuda a la gente en su vida concreta ni la orienta en cuanto a sus decisiones; es cualquier cosa menos una verdadera predicación.

Ideas prácticas:

• Usar ilustraciones: Las personas tienen dificultad para manejar las ideas abstractas, por eso la necesidad de usar imágenes.

• Hacer un resumen: Recalcar los puntos principales (sin dar una nueva predicación).

• Mostrar un cortísimo video que sea lo suficientemente ilustrativo y luego terminar orando.

• Hacer buenas preguntas: Si creemos que el mensaje fue lo suficientemente categórico y entendible, podemos terminar con preguntas que apunten a las decisiones, prácticas que necesitamos tomar para aplicar el mensaje a nuestras vidas.

3. **Subir el morro:** La idea es inspirar a la audiencia para que el mensaje termine «mirando al cielo con los pies puestos en tierra». En última instancia, todo debe apuntar a Dios.

Por siglos, muchos predicadores han terminado sus sermones con la oración. Ya sea de entrega, de arrepentimiento, de confesión, de súplica, de acción de gracias, de alabanza. La oración puede no ser hecha de la misma manera siempre. Podemos orar usando elementos creativos para que no resulte algo monótono. Ya son varios los grupos de jóvenes que están adaptando antiquísimos estilos de oración. La iglesia cristiana a través de los siglos ha tenido una rica tradición de estilos de oración que pueden ayudar a fortalecer nuestra fe.

Lo que no debemos hacer

1. Si le dijimos a la audiencia que estamos finalizando el mensaje, debemos cumplir con lo anunciado y no estirar a treinta minutos lo que se debería haber dicho en cinco.

2. La ilustración final no debe estar desconectada del mensaje.

3. La conclusión no debe incluir un tema ajeno al mensaje.

4. No pedir disculpas por lo que se predicó.

6. Secretos para dar un mensaje con estilo alternativo

Para comenzar debo dejar en claro que predicar no es solo transmitir un mensaje, sino *comunicar* algo.

El punto de partida de una buena comunicación es conocer a las personas que escucharán el mensaje. Muchos de nuestros intentos fallidos surgen de desconocer a nuestro auditorio.

¿Y qué es la comunicación?

La comunicación es un proceso diverso (tiene muchos caminos) en el que el comunicador utiliza un medio apropiado para que el receptor *comprenda* con claridad el mensaje.

Confundimos **transmisión** con **comunicación**.

- La transmisión ocurre cuando el mensaje llega solo al oído.

- La comunicación sucede cuando el mensaje llega a la mente y se produce una **comprensión**.

- **Aceptación** sería el último paso deseado por el comunicador cristiano, y eso tiene lugar cuando el mensaje produce un cambio

Consideraciones importantes

Aquí van otras ideas que te ayudarán en la predicación:

1. Nunca avergüences a los jóvenes en público.

2. No abuses del lenguaje evangélico porque eso puede producir que los no evangélicos se sientan excluidos.

3. Si en la sala hay jóvenes que no son cristianos, no hagas concursos de conocimiento bíblico para que no se sientan ignorantes.

4. Haz invitaciones creativas para las reuniones, se las puedes pasar el domingo después del culto.

5. Promueve el respeto hacia el mensaje, pero no con represión severa, sino esforzándote para que los chicos mismos se den cuenta de que la hora de la reflexión es un momento en el que ellos tienen un encuentro real con personajes e historias entretenidas.

6. Si es una reunión normal de jóvenes y solo tú vas a predicar, no alargues demasiado el mensaje, calcula un tiempo de entre veinte y treinta minutos.

7. No invites predicadores que solo vayan a criticar a los jóvenes.

8. Utiliza toda la tecnología que esté a tu alcance, pero no hagas del culto un espacio tecno-dependiente.

9. Siempre, pero siempre, prepárate para el mensaje. Estudia, toma cursos de doctrina o aprovecha cursos a distancia. Si Dios te lo permite, estudia teología, de seguro será un buen depósito para tu creatividad, pues lo anterior no sirve de mucho si no tienes buenas bases doctrinales.

La motivación al poner a tu alcance esta ayuda práctica no es solo que te conviertas en un gran predicador detrás del púlpito, sino que te transformes en alguien que marque el destino de sus jóvenes enseñando y compartiendo mucho más allá del púlpito y del culto.

Hacer humor es más serio de lo que parece.

Muchos piensan que hacer humor es ser «chistoso» o «hacer gracias».

En el camino de la actuación me topé con dos palabras que cambiaron mi enfoque: Verdad y gracia.

No hay nada más gracioso que la verdad, me dijeron, y lo comprobé. Entiéndase la verdad como cosas que me pasan a mí cotidianamente.

Esto me llevó a descubrir que no necesito «hacerme el gracioso», sino «caer en estado de gracia». Trae mucha insatisfacción salir a buscar la risa del otro a cualquier precio, la mayoría de las veces nos vemos bastante patéticos cuando tratamos de hacerlo. Caer en estado de gracia requiere sentir el vacío de buscar dentro de nosotros el humor propio.

Personalmente, buscando mi humor, transité por sensaciones como libertad, vulnerabilidad, inocencia, ridículo, creatividad, sinceridad, espontaneidad, honestidad y complicidad.

El humor abrió mi campo de comunicación con el resto. Verdad, gracia y humor van de la mano y no solo para descubrir el humor, sino para descubrirme a mí mismo y comunicarme mejor y más eficientemente.

Gustavo Rocha
Actor y profesor de Teatro Improvisación

VII PARTE
EL HUMOR EN EL PÚLPITO
PREDICAR ENTRE RISAS

John Stott, uno de los grandes que recientemente partió
a la presencia del Señor, en su excelente libro *La predicación: Puente
entre dos mundos*, escribió lo siguiente acerca del humor:

«*El humor no debe ser prohibido en el púlpito. Por el contrario,
y toda vez que nos reímos de la condición humana, y por ende de nosotros
mismos, el humor nos ayuda a poner las cosas en perspectiva. A menudo
es mediante el humor que logramos un claro vistazo tanto de las alturas
desde las que hemos caído como de las profundidades en las que nos
hundimos, y ello nos lleva al deseo nostálgico de ser "recatados, sanados,
restaurados y perdonados". De este modo, el humor puede ser una genuina
preparación para el evangelio. Debido a que puede contribuir a despertar
en los corazones humanos la vergüenza por lo que somos y el anhelo
de lo que podemos ser, debemos someterlo de buena gana al servicio
de la causa del evangelio.*»

El humor en la predicación
Consejos infaltables

1. Debe servir a la predicación y no al revés

Hacer humor en la predicación es sumamente delicado, los predicadores que he visto utilizarlo a veces han abusado del recurso humorístico.

Yo mismo he cometido errores, a veces, al perder el norte.

Siempre debemos tener en claro esto. Lo principal de una predicación es que recuerden el mensaje y no el chiste.

Unos años atrás, estaba en un congreso de jóvenes y había un grupo de muchachos a los que conocía. Varios de ellos eran hijos de pastores (y sobrinos del diablo). El pastor estaba predicando un mensaje muy bueno, pero ellos se encontraban absolutamente desinteresados, mirando a las chicas y haciendo toda clase de estupideces.

Luego vino el segundo predicador, que era muy chistoso, claro. Logró mantener la atención de los muchachos. El problema fue que el predicador estuvo muy débil en cuanto al propósito principal de su mensaje, nunca llegó a nada, solo iba de anécdota en anécdota. Al final pudo articular un pensamiento medio elocuente, y luego vino la oración que, cargada de emoción y música, duró como hora y media. En síntesis, nada de Biblia, mucha risa, demasiadas lágrimas y varios kilos de mocos.

A los días le pregunté a uno de ellos por el congreso, y no me sorprendió para nada su respuesta. Me dijo que había sido muy ministrado por el pastor humorista, que luego se había juntado con sus amigos y familia y les había contado todos los chistes y las anécdotas. Y el mensaje, bueno, el mensaje no fue lo importante, lo importante fue la ministración del «Espíritu».

No uses el púlpito para que luzcan tus chistes, usa tus chistes para hacer lucir el evangelio.

2. Es la sal del mensaje

A través de los años he ido perfeccionando mi talento para la cocina. Pero si hay algo en lo que fallo por lo general, es a la hora de sazonar.

Una vez hice un puré horriblemente salado, mi esposa nombró al plato «Puré marinado», pero también he preparado carnes insípidas. Me cuesta el equilibrio.

En la Biblia hay varias metáforas acerca de la sal.

Pablo nos aconseja usar palabras sazonadas con sal (Colosenses 4:6). Así debe ser el humor en la predicación. Una predicación que carece de sentido del humor resulta insípida para los jóvenes de hoy que están permanentemente expuestos a los medios de comunicación cuyo lenguaje principal es el entretenimiento. Sentarse más de media hora, a veces más de una hora, y escuchar un mensaje, quizás con contenido, pero extremadamente monótono será una pérdida de tiempo tanto para el predicador como para la audiencia.

Recuerdo una buena película muy recomendada para predicadores y pastores; la protagoniza Rowan Atkinson (Mr. Bean). La cinta se llama *Secretos de familia*. Es una divertida comedia en la que un predicador intenta escribir un sermón perfecto.

En su obsesión, no se da cuenta de que va perdiendo poco a poco a su familia.

Es la sirvienta la que lo ayuda, haciéndole una sugerencia que hasta ahora él no había considerado. Leer y predicar la Biblia con una chispa de humor.

Lo hace frente a muchos de sus colegas en una gran conferencia y resulta un éxito. ¿A quién no le gustaría tener de predicador todos los domingos a Mr. Bean? Yo de seguro iría a su iglesia.

Siguiendo la línea de reflexión, por otro lado, si la predicación abusa demasiado del humor, también nos encontraremos en un problema, pues en el deseo de ser didácticos hundiremos el mensaje.

Por eso, el humor es al mensaje como la sal a la comida. Si carece de ella, no tiene sabor, pero si se abusa de ella, es incomible.

3. Puede ir de la mano con ilustraciones de la vida

No necesitamos ser humoristas para predicar con sentido del humor. Eso es como decir que para disfrutar del fútbol tenemos que ser como Messi. Si eres como Messi, fantástico, pero no precisas ser como él para gozar de ese deporte.

Lo que hace que un mensaje sea divertido y a la vez profundo es el echar mano a ilustraciones propias de la vida o de nuestra propia realidad.

Cuando hacemos chascarrillos o contamos situaciones jocosas que nos sucedieron, inmediatamente la barrera que hay entre la gente y nosotros se levanta.

Lamentablemente, el hecho de que seamos predicadores hace que la gente nos idealice. Eso es bueno y natural hasta cierto punto, pero constituye un verdadero obstáculo para inspirar a la gente con un mensaje cercano a su corazón, pues esa imagen pomposa de santidad absoluta crea la sensación de que el evangelio es para gente supra humana, o genera una atmósfera de un evangelio por méritos.

Cuando rompemos con esa imagen idílica, lo que hacemos es levantar la imagen de este maravilloso Dios que usa seres imperfectos en condiciones imperfectas para hacer su perfecta voluntad.

Usar ilustraciones de la vida que hablen de nuestros errores y de nuestras debilidades con la gracia de reírse de uno mismo hace un aporte significativo al corazón de la gente.

Las Escrituras no hablan de seres perfectos. Tenemos héroes que se emborrachan, reyes amados que en la oscuridad de sus aposentos son asesinos y adúlteros, valientes profetas que huyen despavoridos ante la amenaza de una mujer, padres de la fe que expulsan a sus hijos a morir en el desierto, grandes legisladores que usan el poder de Dios para atraer la atención de la gente sobre ellos mismos, discípulos que abandonan a su Maestro en su hora más difícil.

Si la Biblia no esconde debajo de la alfombra nuestros errores, quiénes somos nosotros para mostrarnos perfectos.

Recordemos que la cizaña y el trigo son muy parecidos; solo en un detalle se diferencian. Como la cizaña no tiene fruto, su espiga siempre está erguida en una actitud arrogante, mientras que es el grano maduro el que encorva la espiga de trigo hacia el suelo en actitud de humillación.

4. Ríete de ti mismo

Hay dos escuelas de humor bien marcadas. El humor sádico (reírse del otro) y el humor masoquista (reírse de uno mismo). Uno es más sofisticado, el otro es más primitivo y simple. En el humor sádico, que es más propio de las escuelas latinas (España, Francia, Italia), se toma a «otro» para hacerlo objeto de risas y burlas. En esta tendencia se encuentran todos los chistes y el humor que se mofa de las personas que tienen defectos físicos (los gangosos, tartamudos, ciegos) y también de las que pertenecen a determinadas etnias (gallegos, o portugueses para los brasileños).

Un consejo para aquellos a los que les gusta usar el humor en la predicación: No se rían de los amigos que los visitan.

Yo tengo una opinión muy personal; casi siempre evito que las personas nuevas se presenten delante de la iglesia porque hay muchos jóvenes que pueden sentirse violentados en su intimidad. Para algunos, el solo decir su nombre delante de un grupo de desconocidos puede convertirse en una tortura. Peor aún si hacemos alguna broma al respecto, porque no sabemos hasta qué punto puede sentirse ofendido y tener una pésima experiencia con un grupo de evangélicos que se burlaron de él.

Por otro lado está el humor masoquista, más propio de escuelas anglosajonas (Estados Unidos, Inglaterra, Alemania, aunque también encontramos esta tendencia en Rusia e Israel, con el humor judío). Tiene que ver con reírse de uno mismo, de sus desgracias, tanto personales como colectivas.

Constituye un rasgo de madurez psicológica el aprender a reírnos de nosotros mismos. A veces veo con mucha preocupación que a nosotros los evangélicos nos cuesta reírnos de nuestras propias conductas, aunque muchas de ellas, sin lugar a duda, son para matarse de la risa.

Ríete de ti mismo y hazlo también para transformar esas desgracias en algo que produzca gracia a los corazones abatidos.

Es como decirle desde la otra vereda al que viene cruzando el valle de sombras que se puede, que ya son varios los que han cruzado.

Hace unos años, estaba en un estudio de grabación y de pronto llegó un señor. Se quedó mirándome con timidez y me preguntó si yo era el humorista cristiano. Le dije que sí, me presenté y el hombre se puso muy contento. Luego me dijo: «Hermano Ulises, quiero agradecerle. Hace un año mi esposa me dejó y estoy pasando por una crisis horrible. Tengo depresión. Hace unos meses me regalaron su DVD y cuando lo vi me reí mucho, como hacía tiempo que no sucedía. Ahora cada vez que me encuentro mal, pongo su DVD y eso me ayuda a mirar la vida con optimismo».

Salí de ese estudio de grabación impactado. Ese hombre golpeado por la vida me había dicho que, en cierta manera, mi DVD lo había ayudado a caminar por su desierto. Salí con ganas de contarle eso a medio mundo, con el deseo de que todos los hermanos que critican este ministerio pudieran oír a ese hombre sincero.

Por ese hombre y por muchos como ustedes, que siguen creyendo en estos «bufones» del Rey de reyes y Señor de señores, es que seguimos adelante. Transformando nuestras desgracias en una fuente de gracia para dar esperanza a los que luchan con las fuerzas más oscuras en esta vida.

Maneras prácticas de usar el humor en un mensaje:

Quiero dejar en claro esto: No tenemos que ser humoristas para predicar con un buen sentido del humor. Este libro está pensado en un contexto juvenil, por eso a continuación deseo mostrarte de manera práctica y sencilla algunas ideas para que incluyas el humor en tus mensajes.

John Drakeford, en su libro *El humor en la predicación*, nos muestra un cuadro gráfico de cómo funciona el humor en medio de una predicación, provocando una respuesta en el auditorio que estimula al comunicador.

Narrador
Crea o recuerda una
anécdota o chiste

Narrador
Es alentado a contar
otra historia

Narrador
Cuenta la historia
y crea suspenso
en las personas

Ciclo del Humor

Auditorio
La risa y la
interacción se
hacen sugestivas

Auditorio
Alienta al mensajero
poniéndole atención

Narrador
Presenta sus líneas
más chistosas

Cómo se puede apreciar, el narrador comienza con una historia humorística, esa historia crea una suerte de expectativa en el auditorio. No es necesario hacerlo callar pues está alentando al predicador con la atención que le dispensa. Al tener la atención de la gente, el narrador saca a luz sus líneas más cómicas creando en el auditorio risas que terminan motivando al comunicador a contar otra historia humorística.

No te olvides de:

• **Titular las predicaciones con nombres creativos:** Una manera de darles un toque humorístico a tus mensajes (o a la serie de mensajes) es ponerles nombres creativos. No es necesario que te diga cuáles serían los mejores, cada uno conoce su contexto y a los jóvenes que lidera. Puedes optar por ponerles nombres de lo que ellos ven, escuchan, leen o conversan. ¿Cuál es la teleserie del momento? ¿Cuál es el programa que más ven los jóvenes? ¿Qué deschavetados videos de *Youtube* miran con frecuencia?

Como esta es una sociedad metida en las redes sociales, puedes darles un título que sea muy conocido en las redes. No pongo ejemplos, porque si alguien lee este libro dentro de cinco o de diez años va a decir: «¡Uh!, que viejos y anticuados son los ejemplos de este libro, ya nadie recuerda la serie *Dos hombres y medio*, o quién es Justin Bieber.

• **Tomar a los jóvenes en cuenta:** Una de las estrategias que más resultan para hacer entretenido un mensaje es contar alguna historia bíblica (sermón narrativo) y llamar a los jóvenes para que personifiquen alguna escena (sin ridiculizarlos). Ten consideración con los más tímidos.

• **Introducir algún elemento sorpresa en el mensaje:** Hay cosas que quedan grabadas por muchos años. Y son los elementos sorpresa. Recuerdo que cierta vez en una clase de Biblia de la Escuela Dominical en la que el profesor estaba dando su tema, de pronto una chica emitió su opinión. El profesor no la dejó terminar de hablar y la trató muy mal. Nadie sabía lo que estaba pasando. De pronto la chica se puso muy mal, estaba al borde de las lágrimas y cuando pensábamos lo peor, ella nos miró y comenzó a reírse. ¡Era todo un montaje! Luego el profesor habló sobre la sinceridad y la insensibilidad, dos cosas parecidas pero que están a un abismo de distancia. Luego del momento tenso, todos nos reímos de las caras que habíamos puesto ante el episodio.

En una iglesia de Colombia mientras la gente entraba al templo había un pordiosero en las afueras del auditorio. Olía mal, tenía barba larga y pelo desgreñado. Todos lo ignoraron. Cuando en el culto el pastor de la iglesia presentó al predicador invitado, el que se dirigió al púlpito fue el mendigo: era nada más ni nada menos que el predicador. Cuentan que comenzó leyendo Mateo 25:45: «...todo lo que no hicieron por el más pequeño de mis hermanos, tampoco lo hicieron por mí».

• **Dramatizar el mensaje:** Esta manera de presentar un mensaje es muy lúdica y divertida porque te compenetras tanto en el mensaje que te conviertes en un ejemplo viviente. Se pueden utilizar símbolos. Si quieres hablar de la esclavitud que producen las drogas, consigue unos grilletes.

También es adecuado vestirse para la ocasión. Si se desea hablar de pelear la buena batalla, ve vestido de boxeador. Las opciones son inimaginables.

Además, no serás el primero en hacerlo, ya en el Antiguo Testamento algunos profetas utilizaron elementos externos para ilustrar sus mensajes (Éxodo 17:11, 1 Reyes 18:31-35, Isaías 20:2, Jeremías 19:1; 27:2).

Ezequiel es otro ejemplo de ello (lee especialmente los capítulos 4 al 6 y nota la manera en que el profeta dramatiza sus mensajes).

• **Leer como relator de fútbol:** ¿Haz escuchado a un relator de fútbol alguna vez? Cuando uno de esos profesionales relata un partido nunca se pone al margen de lo que sucede, al contrario, se involucra emocionalmente en el encuentro. Hasta llega al punto de exclamar usando frases como: «¡Justicia divina, señores!», «¡Me pongo de pie!», «¡Esto es inaceptable, señor árbitro!».

Casi siempre que leemos un pasaje bíblico lo hacemos de manera muy formal, como ausentes de la historia. Te animo a que lo leas como si estuvieras relatando un partido. Si hay alguna mala actitud del personaje, puedes reprobar tal actitud diciendo: «¡Eso no se hace!» «¡Esto es un abuso!», «¡Exijo una explicación!».

O puedes utilizar frases más positivas como: «¡Eso estuvo bueno!», «¡Así se hace!», «¡Ooooole!».

• **Utilizar frases conocidas:** Aprovecha palabras o gestos conocidos por todos y adjudícaselos a personajes bíblicos, por ejemplo: «¡Síganme los buenos!» ,«¡Es que no me tienen paciencia!», «¡Hasta la vista, baby!», «¡Mmmm, ¿qué hay de nuevo viejo?», «¡Transfórmense y avancen!».

• **Mezclar elementos modernos con antiguos:** Utiliza elementos modernos para hablar de algunos sucesos de relatos bíblicos. En algunos relatos que comentes puedes introducir frases, personajes u objetos que pertenezcan al siglo XXI. Eso ayuda a los jóvenes a acercar ese mundo que dejó de existir hace dos milenios.

De pronto estás hablando de un personaje como Jacob que se metió con dos hermanas y comentas qué le diría la *Señorita Laura* por meterse con dos hermanas, quizás algo así: «¡Que pase el desgraciado!».

• **No alejarte:** Para que el auditorio pueda comprender mejor el humor es recomendable estar cerca. Cuanto más corta sea la distancia que los separa mayor retroalimentación habrá. Cuando el auditorio es muy grande se hace difícil tener un encuentro cercano, pero se puede suplir, en cierta manera, con un buen sonido y una buena pantalla en la que se pueda ver a la persona de manera nítida.

• **¿Cuándo usar chistes o anécdotas chistosas en la predicación?** Esto no es algo mecánico. Pero sugiero que el humor dentro de la predicación aparezca en ciertos momentos claves.

Ya hemos mencionado que el comienzo de la charla es sumamente importante. Predicadores como Joel Osteen y Marcos Witt siempre comienzan sus mensajes con una anécdota jocosa o simplemente un chiste. ¿Por qué? Porque cuando reímos, entre todas las cosas que activan el cerebro, se disparan la catecolamina y la endorfina, que son componentes sumamente importantes para mantener la atención. Contar un chiste al principio no necesariamente es una frivolidad, puede ser un recurso valioso para mantener la atención.

No quiero sonar estricto ni legalista para imponer un criterio rígido. Pues cuanta más experiencia tengas en pararte detrás de un púlpito, más rápido sabrás qué tipo de audiencia tienes y cada cuánto sería bueno incorporar alguna ilustración, anécdota o chiste.

Solo para proporcionar un dato, aunque depende del tipo de público, menciono que el rango de concentración disminuye a los cuarenta minutos aproximadamente en los más experimentados y entusiastas, a los veinte minutos en los más jóvenes, a los quince minutos en los adolescentes y a los ocho minutos en los preadolescentes.

Steven Spielberg tiene una fórmula en sus películas, poner una escena impactante cada diez minutos.

Insisto, uno deberá determinar, según el público, la continuidad que tenga el uso del humor explícito.

Voy a contar una experiencia personal. Tuve la oportunidad de predicar todo un año en el culto principal de una gran iglesia bautista de mucha tradición. Sabía que la audiencia era, en su mayoría, gente de iglesia, adulta y con características más bien conservadoras en cuanto a la liturgia bautista. Me remití solamente a usar ilustraciones con un delicado sentido del humor (nunca chistes) casi siempre al principio y en el medio del mensaje.

Evité todo tipo de humor explícito y humor que contuviera referencias a la Biblia o a la iglesia, aunque fuese de manera indirecta, porque por la idiosincrasia de los hermanos, eso podría herir muchas susceptibilidades.

Sin embargo, también me he parado varias veces en iglesias

de corte más carismático, en reuniones de jóvenes, en las que mi esquema se parece más o menos a esto:

1.- **Comienza el juego:** Comienzo saludando, dando algún dato general de mi persona si no me conocen, o dando alguna noticia o información del ministerio si me conocen. Luego cuento algo chistoso de alguna situación que me haya sucedido o el extracto de alguna rutina de Stand Up, y mientras ríen, en ese minuto maravilloso cuando los tengo atraídos, les presento el tema principal, es decir, les doy el título del mensaje y la idea principal.

2.- **En la media cancha se decide todo:** Una vez que atrapo la atención de la audiencia, continúo con mi mensaje hasta llegar al meollo del asunto.

Las predicaciones tradicionales sugieren dos o tres puntos. (Aunque hoy algunos dicen que es mejor tener un punto clave y bien explicado).

Si mi mensaje tiene dos o más puntos de argumentación o explicación, trato de contar alguna cosa graciosa (anécdota o chiste) como introducción a cada punto, para que el ruido semántico no me lleve las ovejas. Casi siempre escojo anécdotas personales y las trabajo para que resulten graciosas.

Aquí es donde más se distrae la gente, ya sea porque el mensaje no les interesa, porque demasiados vienen dispersos o porque prometí mucho al comienzo y no lo cumplí. Lo importante es no bombardearlos con chistes. Hay que dejar que descansen y luego volver a contar algo gracioso. Cuando uno come, es bueno darse tiempo para masticar y no solamente tragar y tragar.

3.- **Entrar al área chica:** Cuando ya me acerco al «puente» (momento en que el mensaje pasa de la argumentación a la aplicación final), bajo la intensidad del humor y comienzo a realizar la aplicación del mensaje a la vida. Al final casi siempre incluyo alguna ilustración más reflexiva (dramática) que humorística, que refuerce todo lo que he dicho.

¡Y ya está! ¡Gooool! ¡Predicación con humor a sus órdenes!

VIII PARTE
TIPS PARA HACER UN MONÓLOGO
DE HUMOR
EL *STAND UP COMEDY*

«La risa es la victoria del cerebro,
pues se rió porque entendió el chiste». **Chespirito**

El género de *Stand Up Comedy* o monólogo de humor se está haciendo muy conocido en diferentes países de Latinoamérica. En Colombia existen los cuenteros; en Argentina ya hay escuelas de comediantes. En Chile una universidad privada tiene una tecnicatura de dos años: la carrera de «actor cómico».

Y en muchos países están apareciendo los «clubes de la comedia». Son espacios nocturnos en los que un comediante experimentado va presentando a varios monologuistas desconocidos. Algunos shows ofrecen competencias de monologuistas.

El monólogo de humor, al parecer, ha llegado para quedarse por un buen tiempo.

Terminaré este libro con esta sesión final sobre monólogos de humor porque es lo que hago desde hace años.

Sé que es muy difícil aventurarse a enseñar un arte a través de un libro. Es como enseñar a dar el primer beso o jugar al fútbol. Resulta casi imposible. Pero eso no quita que pueda poner al alcance de ustedes todo lo que sé y que estoy seguro que puede ayudarlos en esta linda carrera de llevar alegría a las personas.

Como en toda disciplina, abundan los teóricos que hablan de la estructura «neurolingüística» o del «ordenamiento sígnico impuesto por el enunciado». Hace poco me compré un libro sobre el humor y fue decepcionante darme cuenta de que no entendía nada después de haber leído medio libro. El lenguaje técnico me convenció de que el autor tenía mucho para decir sobre la teoría de los engranajes simbólicos y la polisemia, pero que no tenía ningún aporte que hacer sobre la manera práctica en que uno aprende a hacer un monólogo de humor cuando se sube al escenario.

Por eso me comprometo a no abusar de toda esa teoría que al final de cuentas suena linda, pero no resulta aplicable.

Espero que a esta altura, el libro te haya ayudado a tener una idea panorámica sobre la importancia del humor, sobre todo en nuestra espiritualidad.

También deseo haber compartido elementos importantes y valiosos que sean de utilidad a la hora de predicar a un grupo de jóvenes.

Es imprescindible comprender que toda idea debe pasar por el cedazo del discernimiento de contexto. Tú conoces mejor a tu grupo y sabes qué ideas se pueden implementar y qué otras no.

Pues bien, ya estamos en los últimos cien metros. Y no creas que solo tú quieres terminar este libro, yo estoy más desesperado por terminarlo que tú, porque ya son varias noches que paso sin mi esposa, ¡y eso no es ningún chiste!

Sin más preámbulo, les doy la bienvenida a este capítulo a todos aquellos que quieren servir brindando risas y esperanza.

El chiste es humor, pero no todo el humor es chiste

El chiste es una historia de corta extensión, con un comienzo y un final. Está compuesto por tres bloques:

1.- Planteo de una situación

«Un hombre realiza un viaje turístico a Jerusalén con su esposa y su suegra. La suegra muere en el hotel. Van a los servicios de una funeraria y un empleado le dice a la acongojada pareja: "Señores, si ustedes quieren llevarse a su suegra a los Estados Unidos les costará veinte mil dólares, pero si la entierran en Jerusalén, les saldrá en ochocientos dólares"».

2.- Giro inesperado

«El hombre le responde: "¡Qué diferencia, veinte mil dólares contra ochocientos! Mmm... me la llevo a Estados Unidos, de todas maneras". La esposa, sorprendida, le agradece a su esposo el gesto de sacrificio y amor por su mamá».

3.- Desenlace cómico

«El encargado de la funeraria, impresionado, llama aparte al hombre. "Realmente me sorprende, señor", le dice. "¿Usted está dispuesto a pagar veinte mil dólares para llevarse a su suegra, cuando puede pagar ochocientos por enterrarla en Jerusalén?" El hombre le contesta en secreto: "Sí, es demasiado, lo sé. Pero en una excursión que hicimos ayer a una iglesia, me dijeron que hace dos mil años enterraron a un hombre aquí en Jerusalén y al tercer día resucitó, entonces mejor me aseguro de que no se repita la historia"».

El chiste es humor, pero no todo humor es chiste.

Contar un chiste no es lo mismo que hacer un monólogo de humor. Dependiendo del humorista, el monólogo de humor puede contener uno que otro chiste.

Lenguajes del humor

El humor, como toda disciplina, tiene sus lenguajes. Sería bueno tener en mente estos seis lenguajes del humor que en esencia constituyen el corazón de la comicidad.

1.- Ironía: Es la figura retórica que consiste en dar a entender lo contrario de lo que se dice. Es un humor fino, que tiene la intención de que la otra persona entienda el mensaje implícito que subyace debajo del lenguaje explícito. Ejemplo: El jefe pasa por el taller de sus trabajadores y los encuentra descansando en hora de trabajo. Los mira y les dice: «¡No se maten trabajando, muchachos!».

Ahí está la ironía, les da a entender que son unos haraganes, pero diciendo lo contrario.

2.- Sarcasmo: Se parece a la ironía, pero no es fino sino cruel, tiene una intención mucho más violenta. En ciertos casos el sarcasmo es decir algo en tono de broma que tiene la intención de ridiculizar y dañar al otro. Por ejemplo: «Yo pensé que la estupidez era incurable, pero conociéndote, me doy cuenta de que no... Que tengas una pronta mejoría».

Algunos la señalan como la más baja expresión de humor.

3.- Exageración (hipérbole): Es una imagen que agranda o disminuye algo, alterando intencionalmente la verdad de lo dicho para resaltar el mensaje de fondo. Ejemplo: «Eres más lento que una tortuga», «Era tan feo que lo atropellaron y quedó mejor».

La caricatura es la hipérbole gráfica por excelencia.

4.- Incongruencia: Es el descubrimiento de un pensamiento que resulta incongruente y sorpresivo, y provoca una unión de ideas que, por su inconexión con la lógica, resulta gracioso. Ejemplo: «Iba por la calle y de pronto vi como cuatro hombres le pegaban a un muchacho, así que me metí. Entre los cinco le dimos una paliza». Otro ejemplo: «Mi suegra me preguntó: "Yerno, ¿usted va a llorar por mí cuando muera?" Yo le dije: "Claro suegrita, usted me conoce, usted sabe que yo lloro por cualquier tontería"».

5.- Retruécano: Es cambiar el orden de los términos de una frase para construir otra frase que diga lo opuesto a lo anterior. Ejemplo: «No es lo mismo decir Santo Tomás de Aquino que ¡Aquí Nomás nos la Tomamos!».

6.- Ideas aleatorias: Es combinar elementos inconexos, palabras de contextos diferentes para darle una coherencia cómica. Ejemplo: Sobrepeso-Infierno. «El pastor le llegó a decir: "Pedro, o bajas esos doscientos kilos o te vas al infierno, porque la Biblia dice: *angosto es el camino, y estrecha la puerta* para la salvación"».

Antes de subirte al escenario.

> *«El humorista que persigue la risa, normalmente cae en el humor fácil».*
>
> **Luis Piedrahita**

Aquí van algunos pensamientos clave antes de subir a un escenario:

- El secreto del humorista de monólogo no se encuentra en ser gracioso, sino en ser sincero. Es más, el humor fino no busca hacer reír, sino usar la risa para hacer pensar. Su meta es un cambio de conciencia.
- Hacer humor se trata de ti. La gente busca identificarse contigo.
- El monólogo de humor no se basa en contar chistes sino en describir la realidad desde otro ángulo.
- No se trata de ser simpático sino de tener algo interesante que contar.

Primer paso. Buscar una experiencia: Elige una experiencia propia con la que mucha gente se sienta identificada, y que dé una sensación de «a mí también me pasó». Ahora escríbela.

Ejemplo: «Cumplir más de treinta años».

Segundo paso. Bombardear con ideas: Una vez que tenemos la experiencia base, comencemos con una tormenta de ideas, registrando diversas ideas sobre aquella experiencia. Aquí sugiero un método personal al que llamo *El tronco y las ramas*. Se trata de tomar la idea central del tronco y hacerla florecer hasta sus límites. No te conformes con escribir dos o tres cositas, sigue por el tronco hasta que realmente no puedas continuar con ninguna idea más.

Tronco central: Cumplir más de treinta años

Tormenta de ideas. Seguir por las ramas:

- Juntarse con amigos de la infancia.
- Descubrir que todos están más gordos.
- Mencionar las bromas de los compañeros por mi gordura.
- Señalar que las mujeres también sufren luego de los treinta.
- Que se compran muchas cremas para luchar en contra de la vejez.
- Hablar del sobrepeso en las mujeres.
- De las canas en las mujeres.
- De los problemas alimenticios, culpas.
- De que algunas se mantuvieron flacas.

Tercer paso. Darle coherencia: Con todos los datos comienza a escribir una historia o hacer un mapa mental de una historia con la información anotada.

Ejemplo:

«*Tengo más de treinta años* (tronco principal).

Soy de una generación pasada. Es que cuando cumples treinta años comienzas a encontrarte por facebook con tus *amigos de la infancia*. Ellos te dicen que *estás gordo*.

Las mujeres son otra cosa, viven luchando por su estética.

Pobrecitas, me da pena cuando les *salen canas*.

Por eso comienzan a tener el baño lleno de esas cremas para no envejecer.

Pero si hay un problema complejo, es el sobrepeso.

Nada que ver con las flacas que aparecen por televisión».

Tal vez hayas notado que hasta aquí no hay nada de humor en las líneas, solo insinuaciones que nacen de la idea central.

A continuación, el timming, o dicho en español, el ritmo.

Cuarto paso. *Timming:* El *timming* es la cadencia musical. El ritmo que tiene el monólogo.

La idea de este método es buscar acciones iniciales, de tránsito y finales.

• La acción inicial se llama «premisa» (o set-up). Es cuando se da comienzo a una propuesta conceptual, cuando se da inicio a la idea.

• A las acciones de tránsito se les llama «pie». Constituyen el puente de desarrollo que conecta la idea con el remate.

• A la acción final se la llama «remate» (o punch-line). Es la línea más chistosa, el giro irónico que provoca la risa. El remate no necesariamente tiene que ser hablado, también puede tener lugar con una expresión facial o corporal.

Importante: Para que las líneas produzcan risa se recomienda que por cada diez minutos de rutina de humor, haya un mínimo de cuatro «remates».

Ejemplo de *timming* en una frase cómica:

1.-*Les confieso algo esta noche: tengo más de treinta años.* **Premisa**

2.-*Pero si hay algo que me revienta, es que cuando cumples treinta años, lo primero que te dicen los que no te ven desde hace mucho tiempo es: «¡Oh, qué gordo que estás!». ¿Por qué no son más creativos?, habiendo tantos recursos literarios como la metáfora, la hipérbole, el hipérbaton, la comparación, la analogía... ¿Es necesario que sean tan explícitos?* **Pie**

3.-Que te digan algo así:

¿Qué te pasó Ulises que tienes los huesos más escondidos? **Remate**

A continuación observa el monólogo con su ritmo. Intenta descubrir dónde están las premisas, los pies y los remates.

«Les confieso algo esta noche: tengo más de treinta años.

Es en estos momentos es que te das cuenta de que perteneces a otra época, que eres de esa generación que ya quedó atrás.

¡Pero si hay algo que me revienta es que cuando cumples treinta años, y te encuentras a tus amigos de la infancia por facebook, lo primero qué te dicen cuando te ven luego de mucho tiempo es: "¡Oh, que gordo estás Ulises!"

¿Por qué no son más creativos esos infelices? Por lo menos para que no te duela tanto. Si hay tantos recursos literarios como la metáfora, la hipérbole, el hipérbaton, la comparación, la analogía...

¿Es necesario que sean tan explícitos? Que digan algo así: ¿Qué te pasó Ulises que tienes los huesos más escondidos?

Y si no es la gordura lo que te agobia, es que te vas quedando calvo, como que se va yendo la gente del estadio.

Y en el caso de las mujeres es otra cosa, porque vivimos en esta dictadura de la estética.

Pobrecitas, me da pena, porque un hombre con canas puede ser más interesante... ¿pero una mujer con canas?

Un hombre calvo hasta puede ser más atractivo, ¿pero una mujer calva? ¡Nooooo, no te conoce ni tu madre! Eso es antiestético en esta sociedad machista.

Por eso comienzan a tener en el baño un ejército de esas cremas que estiran, rejuvenecen, exfolian, que sacan arrugas, que las ponen... Y de noche, se echan capa tras capa, capa tras capa, y además se ponen unas rebanadas de pepino... Cuando se van a la cama, tú no sabes si se trata de tu esposa o de una lasaña viviente.

Y además se cubren la piel con esas cremas a base de leche, andan todas resbalosas, tú las vas a abrazar y se te escapan para el techo.

Peor aún, si hay un problema es el sobrepeso, porque este sistema diabólico y perverso no tiene espacio para los gorditos. Para ser linda tienes que ser flaca...

Un amigo mío, de bronca, me dijo la otra vez: ¿Y qué tienen las flacas? Son como los actos de magia... nada por aquí, nada por allá.

Además, las flacas no tienen fuerza ni para levantar una calumnia...».

Espero que ya te estés familiarizando con el *timming*. ¿Te diste cuenta dónde estaba la premisa, el pie y el remate? Pues bien, ¡ahora a escribir tus propias historias!

Una sugerencia. Luego de que escribas tu monólogo, comienza de nuevo.

Escribe y reescribe. Cuando piensas que está listo, léelo en forma natural y ensaya con tu postura y expresiones faciales lo que será tu show.

En el escenario

• **Actúa como si ya hubieses muerto.** Hacer monólogos de humor es sumamente riesgoso, pues la exposición es absoluta. Uno no puede descansar en un compañero. Está obligado a matar o morir. No hay puntos medios.

Por eso, uno debe subirse al escenario como si fuera un muerto. Con la idea de que no hay nada peor que a uno le pueda ocurrir porque ya está muerto.

• **No te impacientes:** Cuando uno tiene varias líneas cómicas es muy común querer mostrar todo el monólogo enseguida. Entonces al subir al escenario parecemos una metralleta yendo de historia en historia desesperadamente.

No hagas eso, se ve feo.

Te recomiendo que subas un vaso con agua y vayas disfrutando el juego de presentar el monólogo. Con tu vaso de agua puedes beber entre historias. Si no tienes vaso con agua, puedes toser entre los espacios para hacer descansar al público unos segundos y prepararlos para la próxima historia

• **Reconoce tu diseño:** No todo humorista cae bien en cualquier escenario, eso lo debes tener muy en cuenta. Tu manera de ser y tu repertorio es bien recibido en algunos lugares y en otros no tanto, por eso, en el camino irás aprendiendo que hay ciertos escenarios de los que por tu propia seguridad y autoestima es mejor que te alejes, mientras que otros, por una cuestión natural, serán extraordinarios para tus monólogos.

¡Me gusta mucho ese humorista!

¿En qué comunicador, humorista o pastor te ves reflejado? ¿Cómo quién te gustaría ser?

Existen dos tendencias con respecto a cuál debe ser nuestra postura frente a los artistas que nos sirven de inspiración:

1. Si quieres ser un buen humorista, mira lo que hacen los grandes comediantes, qué temas escogen y a dónde apuntan para nunca hacer lo mismo. Si deseas ser innovador, tienes que despegarte aun de aquellos a los que admiras.

2. Mira lo que hacen otros respetados comediantes y observa con ojo de discípulo. Inicialmente puedes imitar ciertas cosas, pero con el ánimo de despegar cuanto antes de allí y trabajar tu propia esencia como humorista.

¿Cuáles son tus cinco panes y dos peces?

El capítulo 6 del Evangelio de Juan nos relata una escena memorable. Jesús ordena a sus discípulos que alimenten a la multitud. Los discípulos no pueden.

Andrés llega con un jovencito desconocido e intenta ridiculizarlo diciendo: «Aquí hay un muchacho que tiene cinco panes de cebada y dos pescados, pero ¿qué es esto para tanta gente?».

En el tiempo de Jesús, las familias más pobres hacían pan de cebada, porque la cebada era un grano que comían los animales. Las familias normales amasaban pan con harina de trigo. Este chico posiblemente provenía de una de las familias más pobres de su país.

A pesar de todas sus limitaciones, este joven tomó como suyo el desafío de dar de comer a la gente hambrienta. Los discípulos vieron lo que les faltaba. El muchacho vio lo que tenía.

Recuerdo que once años atrás, en un congreso de jóvenes en la capital de Chile, un muchacho completamente desconocido fue impactado por los expositores del congreso.

En la noche, un predicador argentino oró por esa «nueva generación» de líderes de recambio. Habló de jóvenes inspirando a otros jóvenes, de futuros pastores que serían un ejemplo para la vida de cientos y miles de muchachos.

Ese muchacho, que provenía de una familia pobre y con esfuerzo había conseguido el dinero para su entrada, estaba ahí, levantando la mano, y llorando le decía a Dios: «Papá, no tengo nada especial, lo único que sé hacer es contar chistes y hacer reír a los demás. Te entrego mis cinco pobres panes, es lo único que tengo».

Han pasado varios años, y ese joven desconocido y pobre, que estudió en un colegio privado... privado de luz, de agua y de todos los servicios. Ese joven contador de chistes, hoy escribe este libro.

Ah, casi me olvido, cuando pasaron los años, ese adolescente cuenta chistes tuvo la bendición de compartir varios escenarios con ese otro predicador argentino, y es ese estimado amigo mío el que prologa este libro.

Para Dios no pasas desapercibido.

Pues bien, llegamos al final, pero tú recién comienzas. Gracias por acompañarme durante este viaje. Que Dios te llene de su Espíritu creativo para brindar gotitas de esperanza y alegría en medio de tanto dolor.

Te animo a no avergonzarte de tus pequeños panes de cebada ni de tus dos pececillos.

¿Estás preparado?

¡Arriba el telón!

Bibliografía sugerida

1. Condorito y Mafalda (¡corre a comprarlas!).

2. Bárbara Jacobs, *Nin reír*, Editorial Taller Ditoria.

3. Arturo Bravo, *Jonás y Jesús. Una aproximación al humor y a la alegría en la Biblia*, Editorial San Pablo.

4. John W. Drakeford, *El Humor en la Predicación*, Editorial Mundo Hispano.

5. Diego Irarrázaval, *Un Jesús Jovial*, Ediciones Paulinas.

6. Milton A. Acosta, *Humor en el Antiguo Testamento*, Ediciones Puma.

7. Gerd Theissen, *La sombra del Galileo*, Ed. Sígueme.

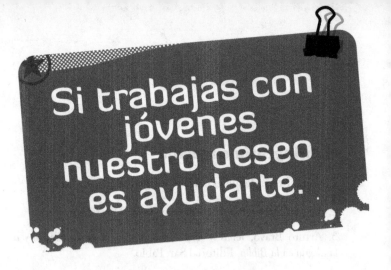